*Francesco Di Berardino*

# Accenti lungo il Tirino
*Parole e sapori testimoni del passato.*

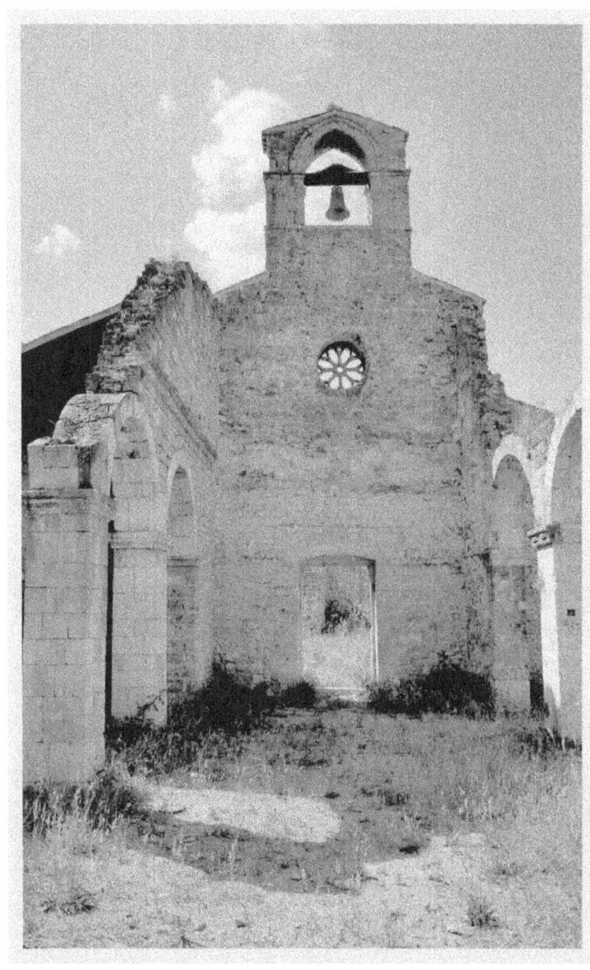

I° Capitolo

## Cenni Storici

Il toponimo di Bussi, cioè il suo nome in dialetto, "U vùsce, bùsce, ùsce", viene citato per la  prima volta nel  1308- 1309, nelle *"Rationes decimarum"*, mentre nella forma detta "definita" risale addirittura nel 1098 in "de Clerici de Bussis" dove si parla anche di *"presbiter ecclesie S. Laurenti et Cappellanus S.Blasii de Bussis"* (1), derivazione quest'ultima proveniente dal termine latino *"buxus"* bosso; pianta sempreverde di cui Bussi si fregia nel suo stemma comunale, arricchito da due lettere maiuscole B.S. (2) in bassorilievo.

Bussi nella sua particolarità storica, essendo stato prima sotto il dominio Aquilano dei Pietropaoli 1300, passato in seguito sotto i Cantelmo, Signore di Bussi e Duca di Popoli 1470-1600; vedi "passo di Bussi" con i suoi undici pedaggi da pagare, incisi su lapide nella facciata della Taverna Ducale di Popoli, per poi ritornare nel 1611 sotto Cosimo dei Medici, gran Duca di Toscana e Principe di Capestrano, per cederlo nel 1743 a Carlo di Borbone, Re delle due Sicilie, quando il Castello di Bussi vide definitivamente nel 1860 la libertà con la proclamazione del Regno d'Italia.

Dunque, alla popolazione di Bussi va riconosciuta un'identità storica nell'aver mantenuto saldo un suo dialetto senza risentire affatto dell'influsso esterno come il "francesismo" popolose o la  marcata cadenza Aquilana.

Da notare la trasformazione del "J" latino molto presente nel dialetto bussese; ju cavàjje, ju lupe, ju capestòjre, la jàtta, jàjje, l'òjje ecc…, contro la "gli" di quello Aquilano; gliù schifùsu, gliù vèndu, gliù piattu, come si evidenzia il rafforzativo della vocale "U"; nu cuntu, n'amìcu, nu surrìsu, trottu d'àsinu pocu dùra ecc…

A questo punto, non possono passare inosservate le diversità del parlato dei cugini popolesi, considerando la millenaria stretta parentela dovuta alla vicinanza delle due comunità; ji cenghenièjje, (gamberi), ji surgitiòjje (gnocchi), ciònde, (cento), ddòjje (due), quèjjetiòjje (sagne acqua e farina).

Come abbiamo avuto modo di vedere, il dialetto bussese ha messo vere e proprie linee di demarcazione, delle quali non vi è un riscontro ben preciso, se dovute alle sue origini comportamentali per distinzione di territorio, oppure per ragioni politiche sociali.

Io dico, tutto ciò non dovrebbe andare perso nel tempo, anzi andrebbe recuperato e salvato per lasciarlo vivo e solido ai giovani d'oggi, come resistono nel tempo le origini dei quartieri incastonati da millenni intorno al Castello che ha visto sventolare vessilli di ogni Signoria.

Quartieri questi, che hanno tenuto gelosamente in vita un dialetto tutto loro da; "ju Bbùrije", a "ju Colle" e la "Vernàzza" scendendo "sotte le Mura", per arrivare "arrate la Corte", essendo loro e soltanto loro ambasciatori e depositari delle origini dialettali "de Bùsce".

Per chi ama le proprie origini, la terra dove è nato e cresciuto, "afferma il prof. Umberto Russo, l'uso del dialetto locale non è un segno di scarsa cultura, ma qualcosa di naturale appartenenza.

A tutto questo, pur riconoscendo a chi mi ha preceduto, il loro non facile sforzo nel divulgare testi e poesie dialettali, vedi "Chella-Natarelli-Lattanzio" e fermo restante la piena e totale libertà espressiva "come precisa in un suo saggio di grammatica dialettale Abruzzese lo scrittore e studioso di tradizioni popolari Ernani Catena (3), occorre stabilire regole soprattutto nella scrittura per quelle frasi e parole spesso interpretate senza una chiara introduzione di grammatica" applicata in questo libro dopo un'attenta ed approfondita ricerca per ridare il giusto valore alla parlata ed alla scrittura dialettale bussese.

Poiché queste pagine, ovviamente, non sono e non possono essere al completo, né tanto meno esente da errori e imprecisioni, spero che i miei compaesani più ricchi di ricordi vogliano collaborare a questa raccolta facendo pervenire qualsiasi integrazione o segnalazione per arricchire sempre di più le memorie del nostro Paese.

(1) Mario D'Alessandro: da Storia arte ed origini della terra d'Abruzzo.
(2) Bonanni T. Stemma delle Università: Comunità Municipali costituite nel (sec.XII).
(3)Ernani Catena: musicista, scrittore e traduttore delle tradizioni popolari e dialettali Abruzzesi.

# II Capitolo

# Fonologia e note linguistiche

Occorre stabilire alcune note essenziali per una migliore interpretazione della scrittura e dei suoni del dialetto bussese.

Va precisato che il linguaggio Abruzzese si presenta così difforme nella regione nei caratteri e nell'armonia della parola, da città a città e da paese a paese, per cui occorre attenersi a delle regole per non cadere in espressioni dialettali non corrette. La caratteristica del dialetto bussese, come vedremo, ha un'espressione di suoni e marcate cadenze differenti da quello costiero. In larga parte non si discosta di molto per quanto riguarda la scrittura essenziale, anche se, non mancheranno alcune eccezioni di traduzione e di espressione.

Nelle prossime pagine effettueremo un percorso attraverso la fonologia e le note linguistiche, dove andremo ad affrontare i temi principali in merito all'utilizzo delle vocali, alla coniugazione dei verbi, senza tralasciare i pronomi gli avverbi ed i vari complementi. Per tutti verranno riportati una serie di esempi per facilitarne la lettura e la comprensione.

Chiariamo subito una delle regole più importanti nella vocale "**e**".
La lettera "**e**" in finale di parola che nella parola stessa (senza accento) va considerata "**e muta**", quindi non si pronuncia mai.

Alcuni esempi

| | | |
|---|---|---|
| La fame | leggere | la fam |
| La mòjje | " | la mòjj |
| La carne | " | la carn |
| Ju cappotte | " | ju cappòtt |

Viene sempre pronunciata però, quando è congiunzione e quando è all'inizio della parola.

| | |
|---|---|
| Si scrive | Ernestìna e Lisa de Metrùcce so cummàre. |
| Si legge | Ernstìna e Lisa d 'Mtrùcc so cummar |
| | |
| Si scrive | Elìsa e la màmma vànne a ju furre. |
| Si legge | Elisa e la màmma vànn a ju furr. |

Mentre per sentirne un suono comprensibile e cadenzato, se posta all'interno o alla fine della parola, la lettera "**e**" va sempre accentata.

| | |
|---|---|
| Si scrive | stà rricève la bbenedezijèune. |
| Si legge | stà rricèv la bbndzijèun. |

Si scrive        ulèsse vedò quande, te mitte a ffà la
perzàuna sèria.
Si legge         ulèss vdò quand, t' 'mìtt a ffà la przàuna
sèria.

Si scrive        jì buscèse sème bbèjji e graziète.
Si legge         jì buscès sèm bbèjji e grazièt.


Il dialetto bussese inoltre mette in forte evidenza raddoppi di consonanti iniziali nella "**b**" e nella "**m**".

Alcuni esempi.

| Bellezza | bbellìzze |
| Buongiorno | bbongiòrne |
| Basta | bbàsta |
| Bugia | bbuscìja |
| Bello | bbàjje |
| Mattina | 'mmatùina |
| Maledire | 'mmaledìtte |
| Martello | 'mmartàjje |
| Masticare | 'mmascicà. |


Lo stesso rafforzativo lo ritroviamo nei vocaboli con la "**g**" seguiti dalle lettere "**e , i**".

| Giovane | ggiunòtte |
| Gente | ggiànde |
| Giornale | ggiurnàle |
| Giacca | ggiaccàtta |
| Gesù | GgèsùCriste. |


Altra nota importante fa ricadere l'attenzione nell'articolo indeterminativo (un) **nu** e del pronome (noi) **nù**; vedremo però come quest'ultimo si viene a modificare in (**ni**) solo nel dialetto bussese.

Alcuni esempi

Ggìra come **nu** solde fàuze.
(gira come una moneta falsa)

Ta na còccja come **nu** pòrche.
(ha la testa come un majale)

Vediamo invece, come il pronome (noi) **nù** si modifica nell'espressione bussese in **nì**.

> **Nì** sème proprie sfurtunàte
> (noi siamo proprio sfortunati)
>
> Jì uàji càpetane tutt'à  **nnì**
> (i guai accadono tutti a noi)
>
> A jù spusalìzje ci sème jte  **nì** .
> (a lo sposalizio ci siamo andati noi).

L'articolo (una) **'na** si richiama correttamene anche nel nostro dialetto,poiché ha sempre bisogno del segno dell'apostrofo davanti (aferesi) = (o togliere via) essendo tronca della "**u**".

> '  Na fàmmena e "**'na**" papera, fànne nu mercàte.
> (una femmina e una papera, fanno un mercato)
>
> E' remaste che **'na** scarpa e **'na** ciavàtta.
> (è rimasto con una scarpa ed una ciabatta)
>
> A' fàtte **'na** brutta calàta!
> (non ha un bell'aspetto)

Le vocali toniche: **à, è, ò, ù,** hanno un suono aperto e lungo, mentre quelle atone, **a, i, o, u**, hanno un suono aperto e breve.

La preposizione (per) **pe'**, va scritta sempre con l'apostrofo.

> **Pe'** pparlà che ttù, ci vò j'avvocàte!
> (per parlare con te occorre l'avvocato)
>
> Me ne sò jte **pe'** ssèmbre!
> (me ne sono andato per sempre)
>
> **Pe'** ccumbrà le secarètte jì da jì a Mariamèla!
> (per comperare le sigarette devi andare a Mariamela!)

L'articolo "**il**" per la gran parte dei dialetti costieri viene tradotto in "**lu**"; mentre in quello bussese viene a perdere la "**elle**"  per **prendere** la "**j**" seguita dalla  "**u**" riproponendosi in "**jù**".

Ecco alcuni esempi

Il sole      a Pescara      lu sòle
Il mare           "          lu  màre
Il compare        "          lu  cumbàre

Il sole      in bussese      ju sòle
Il mare           "          ju  màre
Il compare        "          ju  cumbàre

La "**J**" è una delle consonanti che spadroneggiano nel dialetto bussese, cambiando spesso suoni da vocabolo a vocabolo, mentre nel raddoppio diventa forte.

Cavallo        cavàjje
Famiglia       famìjja
Gallina        cajjìna

Quando la troviamo tra una consonante ed una vocale trova un suono schiacciato.

Piano          pjàne
Piove          pjòve
Piange         pjàgne
Chiacchiere    chjàcchjare

Se invece la troviamo tra due vocali, evita quel particolare suono detto (jàto), riportando la "i" seguita dalla "**J**".

Figlia         fìjja
Bugia          bbuscìja
Amicizia       amicìzija
Consigli       cunzìjji

L'avverbio di luogo "**dove**" grammaticalmente viene tradotto "**addò**", come vedremo però, non trova una sua collocazione nel dialetto bussese, infatti lo ritroviamo con "**andà**".

Alcuni esempi

**Andà**  vè ?
(dove vai ?)

**Andà**  li cumbràte ssè scàrpe ?
(dove hai comperato quelle scarpe ?)

**Andà** li mìssa la biciclètta ?)
(dove hai messo la bicicletta ?)

11

Il significato di "**boh**" equivale nel dialetto locale alla traduzione di "**non so**" "**non lo so**".

De che mmalatùjja ssè mmòrte ?
**Boh**, nne lle sàcce?
(di che malattia è morto?, non so, non l'hanno detto?)

Chj à su furastière? **boh** nne lle sàcce!
(chi è quel forestiero? non lo so!)


Vediamo invece come vengono tradotti (non se) "'**Nze**" e le sue derivazioni.

Alcuni esempi

'**Nze** la sànde de camenà.
(non se la sente di camminare)

' **Nze** la mbìjja che nniscìune.
(non se la prende con nessuno)

Quando è seguito da un verbo, viene tradotto nei seguenti modi.

(non si è)
'**Nz'à**  purtàte appràsse manghe ju fìjje.
(non si è portato dietro neanche il figlio)
(non ho – non sono)
'**Nzò** pajàte tande a ju cìneme.
(non ho pagato tanto al cinema)

'**Nzò**  jte 'ngambàgna percò è 'mbùsse.
(non sono andato in campagna perchè è bagnato)

(non sai)
Nne '**nzè** che ssè mmòrte  Ggiuànne!
(non sai che è morto Giovanni)

(non sia)
'**Nzia**  maje ji , 'ngundrèsse  pe' lla vùjja!
(non sia mai lo incontrassi per la strada!)


Altro particolare da tenere sempre presente , sono le parole che iniziano con  "**in**";

esse perdono la "i" sostituendola con l'apostrofo.

| Incavolato | si scrive | 'ngazzàte |
| Ingrassato | " | 'ngrassàte |
| Intonato | " | 'ndunàte |
| Ingoiato | " | 'ngluttùite |

Armànde se 'ngazzàte pe' na frignàccja
(Armando si arrabbiato per una stupidaggine)

Dicasi la stessa definizione,quando "**in**" si viene a trovare davanti al complemento di "**moto a luogo**"

| In cima | si scrive | ' ngìma |
| In braccio | " | 'mbràcce |
| In corpo | " | 'ngòrpe |
| In croce | " | 'ngràuce |

Criste è mmòrte 'ngràuce
(Cristo è morto in croce)

Fanno eccezione però alcuni casi, dove "**in**" pure essendo davanti al complemento di "**moto a luogo**" diventa "**a lla**" per una corretta traduzione dialettale.

| In montagna | si scrive | a lla mundàgna |
| In casa | " | a lla càsa |
| In cantina | " | a lla candùjna |
| In campagna | " | a lla cambàgna |

Cungittì! chj ci stà a lla càsa?
(Congettina! chi c'è in casa?)

Frangì! và ppijjè le vùjne a lla candùjna!
(Francesco! vai a prendere il vino in cantina!)

L'avverbio di negazione "**non**" si dovrebbe scrivere "**nen**", per l'effetto di un intercalare bussese, lo ritroviamo sempre col rafforzativo "**nn'è**".

Alcuni esempi

Le vùjne nn'è bbòne
(il vino non è buono)

Ju patràune nn'è ccundènde
(Il padrone non è contento)

Le pane nn'è  ccòtte
(il pane non è cotto)


Alcune consonanti, per una caratteristica pronuncia locale, si trasformano radicalmente.

Vediamo come:

| | | | | |
|---|---|---|---|---|
| **nm** | Don Mario | cambia in | **mm** | Dommario |
| **t** | terra | " | **nd** | 'ndàrra |
| **p** | piazza | " | **mb** | 'mbiàzza |
| **s** | sente | " | **nz** | 'nzànde |
| **c** | Croce | " | **ng** | 'ngràuce |


L'avverbio "**adesso-ora**" per meglio indicare; in questo momento, proprio adesso, or ora, viene scritto con "**mo**".

Alcuni esempi

Micù! va vvedò se ccòtta la 'ngòrda… **mo** ci vàjje!
Domenico vai a vedere se è pronto a cottura l'arrosto! adesso ci vado.
Rusì!...ma vòjje 'nze màgna a stà casa... **mo** porte ji piètte!
Rosina! ma oggi non si mangia a questa casa… adesso porto i piatti!
Annì chj vìste Lisa de Cocciaciùcca? **mò**, **mò**  se né jta!
(Annina hai visto Lisetta de Cocciaciùcca? proprio adesso (or, ora) se ne è andata!

Vediamo di seguito come la vocale "**a**" nel linguaggio bussese, costituisca un suono dominante, avendo sostituito ben altre vocali per un fenomeno di metafonia = trasformazione di una vocale.

**"a" ="e"**

| | | |
|---|---|---|
| la fàmmena | = | femmina |
| la tàrra | = | terra |
| la j'àrva | = | erba |
| bbàjje | = | bello |
| nàngue | = | nevica |
| la pàcura | = | pecora |
| ju làbbre | = | lepre |

| | | |
|---|---|---|
| la nàuce | = | noce |
| l'ardùica | = | ortica |
| la vàuce | = | voce |
| ju fàuche | = | fuoco |
| ju pàuce | = | pulce |
| a 'nnatà | = | nuotare |
| ju pàde | = | piede |
| tàgne | = | tingere |
| ju zànghere | = | zingaro |

La vocale "**a**"la ritroviamo in funzione rafforzativo come aggiunta di vocale iniziale; **abbàda, abbadà, abbàsta, abbruscè, abbuscà, accuscì, addamò, arrubbà, appujète,** ecc…

I pronomi possessivi: **mia, tua, sua,** vanno sempre dopo il soggetto: **pàtreme** (mio padre), **fràteme** (mio fratello), **mòjjema** (mia moglie), **fìjeme** (mio figlio); **pàtrete,** (tuo padre), **sòrdeta,** (tua sorella), **sòrema** (mia sorella).
Come non mancano parole composte per indicarne un concetto ben definito: **'mmoccàllaporta,** (davanti); **'mmalamànde,** (cattivo); **'mmaledìtte,** (maledire); **facciaffrònde,** (dirimpetto); **'mmagneddòrme,** (poltrone) ecc…

Non poteva passare inosservato l'etimo popolare di alcuni particolari vocaboli in dialetto bussese, dove la forma ed il significato cambiano secondo le esigenze nel modo di interpretare il concetto; vediamone alcuni esempi.

| | |
|---|---|
| **la nàve** | = nave; la nàve st'à jù pòrte de Pescàra. |
| **la nàve** | = neve; inòtte à fatte na frèca de nàve! |
| | |
| **scòla** | = scuola; ch' ète fàtte vòjje a lla scòla! |
| **scòla** | = scolare; Cungittì…! scòla ssà pasta! |
| | |
| **làtte** | = letto; rìzzate da ssù làtte |
| **làtte** | = latte; và ccubrà le làtte! |
| | |
| **sòle** | = solo; è remaste sòle come nu cane |
| **sòle** | = sole; vòjje ci stà nnu bbèjje sòle |
| | |
| **vòjja** | = desiderio; tànghe na vòjja de pulànna |
| **vòjja** | = macchia cutanea; ta na vòjja 'mbaccia |

| **méne** | = mani; allònga ssè mène |
| **méne** | = meno; le méne è tuccàte a mmù |

| **menùte** | = minuto; ci màtte nu menùte a ccalà! |
| **menùte** | = arrivare; quànde sète menùte?  poche fa |

| **tùnne** | = rotondo; jù pjàtte è ttùnne |
| **tùnne** | = tonno; còmbra ju tùnne e lle pàne! |

Alcuni esempi di scrittura grammaticale.

- Dàjji e ddàjji,
  ji sòlde e ji uàji,
  chi ji tà se ji tà!

- Dimm' a cchi sci ju fijje.
  e te dùice a cchi t'assumijje

- A j'omene,ji se vòide jù ,cappàjje
  'nnò jù cirevàlle!

- Pe' 'nnammònde,
  j'àsene 'mbònda:
  pe' 'nnabbàlle,
  j'àsene bbàlla.

- Cunzàrva j'òdie,
  che ll'àccasièune nn' mmangana!

- La mònica,
  pe' jjù ciambellitte
  vò la casa che' ttùtte
  jù titte.

- Ju lupe, j'àsene e ju cafàune,
  nn' càgnane mai.

- J'occhie de ju patràune,
  'ngrassa j'àsene.

Vediamo alcuni esempi di come si scrivono i numeri:

I numeri:                                    Le decine:

    1, une                                       10, dièce
    2, ddu'                                      20, vinde
    3, trè                                        30, trànda,
    4, quattre                                   40, quarànda
    5, cinghe                                    50, cinguànda,
    6, sé                                         60,sessànda
    7, satte                                      70, settànda
    8, otte                                       80, ottànda
    9, nove                                       90, novànda


Le centinaia:

    100, cènde
    200, dducènde
    300,treècènde
    400, quattrecènde
    500, cinguicènde,
    ecc...

# III Capitolo

# I verbi in dialetto

**Essere**: Indicativo

Presente

    Jì so
    Tu scì
    Quìsse è
    Ni sème
    Vi sète
    Chìsse so

Passato prossimo

    Jì so state
    Tu jì state
    Quìsse è state
    Ni sème state
    Vi sète state
    Chìsse sò state

**Avere**: Indicativo

Presente

    Jì tànghe
    Tu tè
    Quisse tà
    Ni tenème
    Vi tenète
    Chìsse tève

Passato prossimo

    Jì so tenùte
    Tu jì tenùte
    Quìsse à tenùte
    Ni ème tenùte
    Vi ète tenùte
    Chìsse ànne tenùte

Andare: **Vàjje**

Presente

    Jì vàjje
    Tu vè
    Quìsse và
    Nì jème
    Vì jète
    Chìsse vanne

Passato prossimo

    Jì sò ite
    Tu jì ite
    Quìsse è ite
    Nì ème ite
    Vì sète ite
    Chìsse ànne ite

Stare: **Stànghe**

|  |  |
| --- | --- |
| Presente | Passato prossimo |
| Jì stanghe | Jì sò state |
| Tu stè | Tu jì state |
| Quìsse stà | Quìsse è stàte |
| Ni stème | Ni sème stàte |
| Vi stète | Vi sète stàte |
| Chìsse stanne | Chìsse sò stàte |

Pagare: **Pajà**

|  |  |
| --- | --- |
| Presente | Passato prossimo |
| Jì  paje | Jì so pajàte |
| Tu pèje | Tu jì pajàte |
| Quìsse pàja | Quìsse à pajàte |
| Ni pajème | Ni ème pajàte |
| Vi pajète | Vi ète pajàte |
| Chìsse pàjane | Chìsse ànne pajàte |

## Vocaboli  Bussesi

### *A*

**A** (prep.): **a**; nella forma non articolata, come vedremo, raddoppia la consonante iniziale della parola seguente: **jème a mmagnè**: andiamo a mangiare; **dàmme a bbève** (anche a) **bbòjve**: dammi da bere: **al, alla, allo;** non si raddoppia: **jème a lla càsa**: andiamo a casa; **jème a ju mercàte**: andiamo al mercato.

**abbàda**: badare, fare attenzione; **abbàda a ssù cane**; fai attenzione al cane; **abbàda a ssà crijatùra**; stai attenta al bambino.

**abbàlle**: andare di sotto; **vè abbàlle**; scendi giù; **càla abbàlle**; vieni sotto: sin. **capennabbàlle**.

**abbàsta**: basta, non ne voglio più; **che vvì l'àtre?, no abbàsta accuscì**; che vuoi l'altro? No basta così.

**abbàsta**: purchè, a condizione che: **mà… che mme jì cùmbre! va bbòne, abbàsta che tte stè zìtte**; mamma…che me lo comperi! Va bene, purchè ti stai zitto!.

**abbàtte**: far fronte non si riesce a competere; **'ngì l'abbàtte**; non posso competere.
**abbattòcchje**: battaglio del portone.

**abbèla**: coprire la brace con la cenere.

**abbengà**: aggrapparsi; **me so abbengàte arràte a ju traìne**; mi sono aggrappato dietro al carro; **abbìngate a mmù**; aggrappati a me.

**abbengàte**: correre dietro; **me sé abbengàte ju cane**; mi si è avventato il cane.

**abbeveratùre**: abbeveratoio per animali.

**abbìjate**: avviarsi,cominciare; **abbìjate ca mò vanghe!**; comincia ad andare che tra poco vengo.

**abbòtta**: gonfiare qualche cosa; **abbòtta ssù pallàune**; gonfia quel pallone.

**abbrùjle**: aprile

**Abbrùsce**: Soprannome.

**abbruscè**: bruciare; **nne jì fa abbruscè**: non farlo bruciare

**Abbruschjète**: Soprannome.

**abbruschijè**: tostare, abbrustolire.

**j'àbbete**: abito, vestito.

**abbuccàte**: abboccare, afferrare con la bocca; **vòjje abbòccane le tròtte (pàscja)**; oggi abboccano le trote.

**abbuffàte**: mangiare abbondantemente; **sème abbuffàte**; abbiamo mangiato a crepa panza.

**abbujjacòre**: persona nauseante.

**abbuscàte**: guadagnare; **vòjje sème abbuscàte na bbòna jurnàta.**

**abbuscà**: cercare;procurarsi le botte; **mo cià' bbùsche!**;adesso le prendi (botte).

**abbuttàta**: scorpacciata, **sème fatte n'abbuttàta de ciràsce.**

**abbùtte**: persona sazia.

**abbuticchjète**: avvolgere; **abbutìcchja ssù spache!**; avvolgi quel filo

**abbuzzà**: sopportare, tollerare con pazienza; **so abbuzzàte, abbuzzàte, alla fine so scuppiàte!**

**àca**: ago per cucire (**l'àca**)

**accalametàte**: attrarre, calamitare.

**Accàpennabbàlle** o **capennabbàlle**: in basso, a valle.

**accàppate**: (vedi) **recuprù.**; ricoprire,copriti bene.

**accapijjète**: venire alle mani; **sànne accapijjète.**

**accàtte**: fare un affare poco convinto; **mo jì fàtte nu bbèjje accàtte!**

**accavàlla**: saltare un ostacolo.

**accavallàte**: anche per dire incrocia le gambe; **stà che lle còsse accavallàte.**

**accavàjje**: andare a cavallo.

**accavàjje**: espressione bussese usata in attesa di prevedere qualcosa di inaspetato; **ma tu che jì dìtte che ji le prestìve! scì, mo stème accavàjje, chj ji vò sendù Nazzarrìtte!.**

**accèsse**: ascesso dentale, infettivo ecc..

**àcche**: (avv.) ecco; **àcche quìsse**; ecco questo; **àcche màmmeta**; ecco (che viene) tua madre; **àcchela**: eccola; **àcchete**; eccoti; **àccheji**: eccoli.

**àcche**: (avv.) qui; **vè àcche**; vieni qui.

**acciaccà**: pestare,schiacciare.

**accimendà**: insultare una persona.

**accimerràte**: pieno, raso.

**accirrijète**: sguardo accigliato.

**accittàta**: colpo secco di accetta.

**acciarùjne**: attrezzo triangolare in ferro, adoperato il giorno di Santo Antonio per accompagnare i cantori con il suo particolare suono.

**acciuccàte**: chinato, piegato sulle gambe.

**acciuppàte**: azzoppato; **se acciuppàte ju cavàjje.**

**acchjaràte**: decantato, schiarito, per indicare il vino.

**acchjàppa**: prendere, afferrare un oggetto.

**acquaròla**: acquaiolo.

**accòjje**: cogliere, prendere.

**accruccàte**: aggiustare tanto per

**accucchjète**: accoppiare.

**accucujjète**: rannicchiato, accovacciato.

**accumbùnne**: accatastare.

**accumbagnè**: accompagnare.

**accungè**: accomodare.

**accuppàte**: avere preso le botte: **j'ème accuppàte.**

**accuràte**: accorarsi, stato di tristezza; **dope ssà respòsta ti accuràte!**

**accurcè**: raccorciare; **accòrcjame le càuze.**

**accurtatàura**: scorciatoia; **facème l'accurtatàura.**

**accuscì**: così, in questo modo; **sa da màtte accuscì.**

**addamò**: cosa accaduta molto tempo fa; **addamò che 'ngnì vòide .**

**addavòjre**: espressione quasi a non volerci credere; **jì so viste addavòjre!**

**addiìune**: senza mangiare; **jère so**

**remàste sènza magnè**; ieri sono rimasto senza mangiare.

**aducchjète**: osservato.

**addunàte**: accorgere; **'ndè ne fa addunà!**

**addummannà**: domandare.

**adduprà**: adoperare.

**addurà**: odorare, annusare; **fàmme addurà ssù suche!**

**addubbàte**: ben composto.

**affacciaffrònde**: dirimpetto, avere un balcone o portone dirimpetto.

**affacciaffrònde**: vocabolo usato anche per fare dei chiarimenti.

**affelà**: affilare una lama.

**affluscète**: diventare floscio; **sse pummadàure se sò affluscète, ànne bbesògne d'àcqua!**

**affucà**: affogare nell'acqua; **te pùzze affucà a ju fijùme!**

**affucà**: usato anche per dire ingozzarsi; **che tte pùzze affucà... sa magnète ddù pijètte de sagnaràlle!**

**affunnà**: affondare; **se affunnàta la barca.**

**affummecàte**: affumicare.

**affrangàte**: fare a meno di risparmiare.

**affrettàte**: affrettarsi, sollecitare.

**affruscè**: attaccarsi con la bocca ad una bottiglia.

**aggrenzàte**: gualcito.

**àjji**: debbo (forma verbale); **àjji da fà a lla cambàgna!**

**ajjònda**: attaccare, unire le parti di una stessa cosa; **fàcci n'ajjònda a ssà fùna.**

**ajjùgne**: aggiungere,mettere qualcosa in più; **ajjùgnele che l'àcqua.**

**ajjùtate**: sbrigarsi, affrettarsi.

**alà**: sbadigliare.

**allàppa**: sapore sgradevole di un frutto immaturo.

**allanganùite**: (v.) persona con lo stomaco tirato; **me sé allanganùite ju stòmmache.**

**aldarùine**: modo di dire: **mo se scrùprene j'aldarùine!**

**àlle**: (avv.) ecco, là; **a 'ndà stà le pàne? àlle**; dov'è il pane? eccolo là:

**allesù**: lassù, là in alto.

**allijè**: laggiù, in basso.

**allìppa**: andare spedito in salita; **uàrda come allìppa.**

**alleggerùite**: alleggerirsi di un peso.

**allessà**: lessare; **che stè 'llessà la verdùra!**

**allendà**: allentare.

**almène**: se non altro; **almène redàmme le mòjja!**

**allònga**: allungare, porgere; **allònga ju pàsse.; allònga le mène!**

**allùcca**: alzare la voce; **che s'allùcca quìsse.**

**allucàte**: sistemare momentaneamente.

**allùma**: fai luce, illuminare; **allùma nu 'nzìgne!**

**Allemunàta**: Soprannome

**allupàte**: divorare con avidità; **come stà 'llupàte.**

**allùsca**: vede con difficoltà

**amaròteche**: amarognolo.

**ammaccàte**: ammaccato.

**ammaccà**: ammaccare.

**ammànde**: tenere in mente; **tè paròla 'mmànde.**

**ammànda**: coprire qualche cosa; **ammenda ssù làtte che lla cupàrta.**

**ammascicà**: masticare.

**ammassà**: impastare acqua e farina (fare il pane)

**ammàtte**: riconoscere, accettare.

**a 'mmendà**: inventare; **ma che te stè a 'mmendà!**

**ammènne**: àmen.

**ammezzà**: abituato.

**ammònde**: andare su, salire.

**ammòcca**: versare l'acqua; **ammòccame nu 'nzìgne d'àcqua.**

**ammùcchja**: accumulare.

**ammuffùite**: guastarsi, prendere di muffa.

**ammullà**: ammollare

**ammuticcète**: gualcire, spiegazzare.

**ammuscjulùite**: afflosciato; **ssà piànda se ammuscjulùita!**

**ammurijanàte**: ripararsi, nel caso specifico (pecore)

**ammutulùite**: diventare silenzioso.

**ammuccàte**: mettere il broncio.

**andà**: dove; dove vai: **andà vè / andà li cumbràte sse scarpe?**; dove vai; dove hai comperato quelle scarpe?.

**andànne**: dove (plurale); **andànne da jì quìsse?**

**andaà**: in quale luogo; **andaà che ssàda jì**; dov'è che ssi deve andare.

**andùiche**: antico.

**angìne**: gancio; **ju presùtte appeccàte a j'angìne.**

**Angiulìna**: Angela/dim. Angiulenèlla, Agelètta.

**angulìtte**: angolo, canduccio.

**anàjje**: anello.

**annacquà**: innaffiare, bagnare.

**annacquanùita**: allungata con acqua.

**annijàta**: annegare; **se annijàta a Capedàcqua.**

**annametàte**: inamidare un lenzuolo.

**annascunnà**: nascondere.

**annaspatùre**: attrezzo in legno per preparare matasse di lana.

**annazzecà**: cullare, dondolare; **annàzzeca ssà cùnnela.**

**annènde**: davanti; **l'àssala annènde a ju cangèjje.**

**anzàrra**: chiudere; **anzàrra la porta.**

**anze**: anzi, piuttosto; **ànze me more, ma 'nde le dùice!**

**Anninachèlla**:Soprannome

**Annìna**: (n.p.) Anna/dim. Nina, Ninetta, Ninuccia.

**appajète**: insieme.

**appare**: in confronto di; **tu màtte appare a mmù!**

**appattàte**: affibbiare, dare, appattare.

**appettàta:** salita ripida; **l'appettàta de ju Canùcce.**

**appartarràte:** dietro, di dietro; **fatte appartarràte.**

**appède:** (vedi) **l'appàde;** a piedi; **so remàste a ll'appàde.**

**appeccàte:** appeso.

**appìcca:** appendere; **appìcca su cappàjje.**

**appiccapànne:** attaccapanni.

**appennecàte:** appisolato, breve sonno.

**appepezzà:** cercare un po' di spazio.

**appìccia:** accendere (fuoco, luce)

**appiccicà:** attaccare, incollare.

**appiuppàte:** affibbiare per forza.

**appò:** riuscire a spuntarla (l'appò).'ngì l'appò nisciune.

**appòjja:** poggiare.

**appujjète:** appoggiato.

**apprumàtte:** promettere.

**appràsse:** andare dietro; **mo vanghe, appràsse… vì jète!**

**apprusuttùite:** insecchito, asciugato; **sse saucìcce se sò apprusuttùite?**

**appullajète:** (v.) **'nguculàte;** accovacciarsi (detto di polli).

**appunzutùite:** appuntito; palo, tronco, matita.

**appundunàte:** spingere all'angolo; **jì so appundunàte a ju mure.**

**àra:** aia; spazio indicato per l'essiccamento dei vari cereali; **purtème ssi fascèure a ll'àra!.**

**arà:** lavorare la terra con l'aratro.

**aràte:** terreno già lavorato.

**aràtre:** aratro.

**àrca:** cassettone per custodire il pane.

**ardùica:** ortica, pianta erbacea irritante.

**arràcchja:** ascoltare,senti un po'; **arràcchja nu 'nzìgne!**

**arraffàte:** prendere con forza, rubare.

**arrajète:** adirarsi; **è ccòme nu cane arrajète.**

**arracanùite:** divenire ronco; voce bronchiale; **pè strellà ti arracanùite.**

**arrambecàte:** arrampicarsi su qualcosa; **se arrambecàte come na jàtta:**

**arramaccè:** raccogliere a due mani.

**arrànga:** camminare con fatica.

**arrangàte:** stanco, mettersi a riposare dopo un lungo cammino; **mo ti arrangàte!**

**arrapàte**: eccitarsi.

**arrascète**: stimolato a qualcosa; fumo, gioco ecc…; **quìsse è nu fumatàure arrascète.**

**arràte**: dietro; **mìttete arràte, ca mò partème**; mettiti dietro che tra poco partiamo.

**arrazzàte**: modo di dire: che ha ripreso dalla famiglia; **'ngnì vùide ch'è ttàli quàle a lla màmma!.**

**àrde**: ardere; **j'àrde ju fàuche?**

**areoplàne**: aereo.

**arretràte**: arretrato; nei pagamenti, nel lavoro ecc..

**arrevenàte**: guastarsi, rovinare; **se arrevenàte pe' jì appràsse a lle fàmmene**; si è rovinato per andare dietro a certe donne,

**arreccùite**: arricchito.

**l'ària**: aria / clima; **vòjje l'ària è ccàlla;** oggi l'aria è calda.

**l'ària**: vento; **chjùde ssà fenàstra che ttìra l'ària;** chiudi quella finestra perché tira il vento.

**l'ària**: larga; **ssà màjja è ll'ària;** quella maglia è larga.

**arrijè**: irrigare la campagna; **so stàte a' rrijè le pummadàure!**

**arricchjè**: origliare di nascosto; **che stè arricchjè cole che stème à ddùice?**

**arròbbamazze**: modo di giocare con le carte.

**arrubbà**: rubare.

**arruffàte**: mettere sottosopra, scompigliare.

**arruffianà**: (v.) **ruffijène;** persona ambigua per ottenere favori.

**arrùiva**: arrivare; **tu cammùina, ca mò t'arrùive.**

**artefìzje:** fuochi d'artificio.

**arrutà:** affilare un arnese.

**arrùtula:** arrotolare.

**arrunzà:** fare qualcosa senza impegno.

**arruzzunùite:** arrugginito.

**àsse:** là; in quel posto; **mìttijji àsse;** per indicare costui, questo; **àsse quìsse;** togliti da li; **làvete da àsse;** ecco cosa sei capace di fare tu; **àcche che scì bbòne a ffà tu.**

**assàma:** togliere, alleggerire; **assàmaji nu 'nzìgne!**

**assògna:** parte del grasso del maiale.

**assudàte:** chiarire definitivamente; **ji assudàte ssù fàtte!**

**assucà:** asciugare.

**assulùte:** (agg) assoluto; **nu piatte de fascèure assulùte.**

**assurù:** modo di dire; nel rispetto dei tempi passati (alla signoria vostra); **bboggiòrne**

**assurù!**.

**ascìse**: seduto.

**Aspritte**: Soprannome.

**.attànde**: fai attenzione; **attànde a quìsse!**

**attàppa**: otturare, chiudere; **attàppa ssù bbùsce!**

**attendàte**: palpare, toccare con le mani.

**atterrà**: vocabolo contadino; mettere a posto il terreno per la semina.

**atterràte**: (v.) **nucce**; tostati; **a Bbùsce se fànne ji nùcce atterràte!**

**attendìune**: camminare alla cieca, senza vedere.

**attìccia**: prendere per mano; **attìccia ssà crijatùra!**.

**attravèzze**: andare verso.

**attunnà**: smussare.

**attufàte**: soffocato, posto umido e buio.

**atturcinà**: avvolgere; **a ssì pènne, dàcce n'atturcinàta, cuscì s'assùcane prìma!**

**auattàte**: trovare un riparo di fortuna; **a cumenzàte a pjòve, sème duùte auattà sotte na pjànda.**

**aùffa**: mangiare, consumare gratis; **vòjje se màgna aùffa!**

**aùste**: agosto.

**ausàccia**: bisaccia del frate.

**attònna**: vocabolo usato anche per dire; **attunnème ssù cùnde!**

**avvambàte**: bruciacchiato

**azzannàte**: smozzicato; **j'azzannàte ju cane!**

**azzannàte**: attrezzo sdentellato; ascia, zappa, coltello ecc...; **ssù curtàjje è azzannàte;** quel coltello è sdendellato.

**azzàune**: calabrone.

**azzeccàte**: indovinato; **so azzeccàte nu bbèjje tèrne!**; ho indovinato un bel terno.

**azzuffàte**: mangiare senza limiti.


# B

**baccalàne**: persona con espressione sciocca; **ma se quìsse è nu bbaccalàne!**

**baccajjè**: litigare, alzare la voce.

**Bacchìtte**: Soprannome.

**bagnaròla**: tinozza ovale zincata.

**ballatùre**: pianerottolo di sosta, prima o dopo la scalinata.

**baldòrija**: festa rumorosa.

**balcòne:** finestra con vano aperto delimitato da una ringhiera.

**bbànghe**: banco comune di una scuola.

**bbànga**: banca.

**bbanghìtte**: piccolo banco adoperato di solito ai lati della Chiesa.

**bangàune**: banco alimentare.

**Balleràcce:** Soprannome.

**battelàrde**: tagliere in legno usato in cucina.

**battemùra**: rimbalzino nel muro (gioco da ragazzi).

**battepànne**: battipanni.

**barràcca**: casa in legno per ricovero.

**barraccàune**: grande baracca per ricovero merci.

**Bastunìjje:** Soprannome.

**bàsche**: fèz, generalmente di colore nero.

**bàscula**: bilancia a ponte.

**bbalìscia**: valigia da viaggio.

**bbàjje**: bello; **comè bbàjje ssù vestùite!**

**Bambenìjje:** Gesù Bambino.

**bbàffe:** vocabolo usato a Bussi per dire: **mo me fè nu bbàffe.**

**Baffesìcche:** Soprannome.

**Baffìtte:** Soprannome.

**bandèune:** grande complesso bandistico.

**bbànda:** complesso bandistico.

**bbannàlla**: panno legato al sottopancia del montone durante i periodi.

**bbànne:** annuncio pubblico; **Ivàne jàtta ju bbànne pè bbùsce.**

**bbandàune:** lamiera zincata.

**bbajàrde**: attrezzo formato da due aste per trasportare tini.

**bbàr:** bar locale pubblico.

**bbàrca:** barca.

**Bbarechìtte**: rione bussese; borghetto, vicoli intricati.

**bbàsta**: (v.)  **abbàsta.**

**Bbastàune:** Soprannome.

**bbastàune:** ramo d'albero usato come appoggio.

**bbattòcchje**: battaglio per campane.

**bbattòchje**: battaglio usato anche nei portoni di casa.

**bbàsciaMadònna:** coloro che frequentano assiduamente la Chiesa.

**bbàsce:** bacio.

**bbavàjje:** modo di dire per far tacere una persona.

**bbattemùra:** battere la propria moneta al muro per avvicinarla a quella dell'avversario.

**bbavaròla:** bavaglini usato dai bambini per la pappa.

**Bbasìlje:** n.p.; Basilio.

**Bbèbbè:** Soprannome.

**bbèccamòrte:** s.m. composto di; beccare e morto; **quìsse è nu bbèccamòrte!**

**bbeccàte:** beccato.

**bbècche:** becco.

**Bbèccheggiàjje:** Soprannome.

**Bbecchelarìje:** Soprannome.

**Bbèfferùsce:** Soprannome.

**Bbèffesìcche:** (v.) **bbaffesìcche.**

**berbànde:** persone birbona.

**Bbefanìja:** Epifania.

**bbeleferuìna:** vento freddo misto a neve.

**Bbellìzze:** Soprannome.

**bbellìze:** espressione adulatoria; **ùarda che bbellìzze tenème a lla càsa!**

**bbenedùice:** benedire nel segno Cristiano.

**bbesenìsse:** fare un affare (modo americanizzato).

**bbestècca:** bistecca.

**La Bbèata:** Soprannome.

**bbèate:** esclamazione di fortuna, beato a te.

**bbesògne:** necessità, bisogno; **nnà bbesògne de nisciùne!.**

**bbesògne:** bisogno corporale, andare al bagno.

**bbettàune:** bottone.

**bbevùta:** fare una bevuta.

**bbezzèffa:** in grande abbondanza; **ière ème magnète à bbezzèffa!**

**bbeccùine:** cannello dove si infila la sigaretta.

**bbeccùine:** becchino, persona interessata alla sepoltura dei morti.

**Bbijàsce:** San Biagio protettore di Bussi.

**Bbijàsce:** n.p. Biagio dim. **Bbijàsciùcce.**

**bbijastemà:** bestemmiare.

**bbijastòima:** bestemmia; **ci ànne ìttate la bbijastòima 'ngòjje!**

**bbijàda:** foraggio per animali.

**Bbicchjrùcce:** Soprannome.

**bbiangarùjja:** biancheria, panni di uso domestico o personale.

**bbìga:** calesse a due ruote.

**bbijùnze:** tino, bigoncio.

**bòh:** esclamazione in risposta; **chj è quìsse? bòh nne lle sàcce!**

**bbàne:** voler bene, fare del bene; **fa le bbàne è scòrdatene, fa le màle è pànzaci!**

**bbòbba:** abbondanza inaspettata.

**bbobbò:** intercalare bussese usato verso i bambini; caramelle, docetti.

**bbòca:** antico giuoco con le bocce.

**bbòggia:** palla; **tira ssà bbòggia.**

**bbòjve:** bere; **so jte a bbòjve a jù fiùme!**

**bombonièra:** regalo composto della sposa.

**bommàce:** ovatta medica, cotone idròfilo.

**Bonànne:** Soprannome.

**bbonànema:** buonanima come Cristianità

**bbonettàlma:** buonanima verso qualcuno; (nonno)

**bbòne:** bene (avv.) **jème bbòne che ssù pàsse!**

**bbòssele:** proiettile.

**bbòtta:** colpo; **dàjje na bbòtta!**

**bbòtte:** usato come caduta (fallimento); **Camijjùcce à fàtte nu bbòtte!**

**bbòtte:** improvviso, di colpo; **è cascàte de bbòtte.**

**Bblàcche:** Soprannome.

**Bblacchìtte:** Soprannome.

**bracalèune:** persona sciatta, trasandata.

**Bbrasciòla:** Soprannome

**'bbrascère:** contenitore in rame porta brace per scaldare l'ambiente

**bbrasciòla:** polpette di carne.

**bbràve:** (agg.) bravo; **è bbràve a lla scòla? inzòmma!**

**Bbrecchìtte:** Soprannome.

**brellòcche:** qualcosa di prezioso; collana, spilla ecc.

**brudàjja:** mangiare poco gustoso; **vòjje le magnè è na bbrudàjja!**

**brudàjja:** mangiare per il maiale.

**bruschètta:** fette di pane tostate con aglio ed olio.

**brùtte:** brutto come oggetto, o persona fisica.

**brùtte:** redarguire qualcuno; **ji so fàtte bbrùtte!**

**bbrìjje:** finimenti per guidare il cavallo.

**Bullunàlla:** Soprannome.

**burràccja**: fiaschetta per conservare l'acqua; **mè scòrta l'acqua a lla bburràccja.**

**bbucalàtta**: recipiente di terracotta usata per il vino; **rìimbje ssà bbucalàtta ca sse facème ddù bbicchjère!**

**bbùcche:** sacchetto in tela usato per alimentare i cavalli con la biada.

**Bbùsce: Bussi; quìsse è de Bbùsce!**

**bbùsce:** buco; **fàcci nu bbùsce .**

**bbuscìja:** bugia.

**'bbusciàrda:** attrezzo da muratore.

**bbuscjàrde:** bugiardo.

**bbussulìtte:** piccolo recipiente.

**Bbusechìtte:** Soprannome.

**buzzuchìtte:** piccolo contenitore per l'olio.

**Bbùrije:** contrada bussese.

**bròcchele:** vocabolo usato verso una persona semplice; **quìsse è nu bbròcchele!**

**bròcchele:** pianta di verdura (broccolo).

**bbuffettàune:** scapaccione, piccolo schiaffo.

**bbullàtta:** pagamento di; luce, gas, acqua ecc.

**bbùssela:** cestino usato in chiesa per l'offertorio.

# C

**ca:** (cong.) che; **à dìtte ca mò và!; à dìtte ca  nne jì sàrve!;** ha detto che ora viene; ha detto che non gli serve.

**ca:** (cong.) che, (di); **à dìtte ca scì!** Ha detto di si.

**cabbinètte:** gabinetto.

**càbbija:** gabbia.

**cacaccèune:** persona paurosa.

**cacalùse:** persona cisposa, piangevole.

**Cacapenzère:** Soprannome.

**Cacàta:** Soprannome.

**ccapà:** scegliere; **che stè ccapà!; càpate còle che vvì!;** cosa stai scegliendo!; scegliti quello che vuoi!

**caccavàlla:** galla, frutto di quercia

**càcale:** umore fluido prodotto dagli occhi.

**càcchja:** pagnotta di pane; **còmbra na càcchja de pane.**

**càcchje:** germoglio di una pianta.

**cacchjìtte:** germoglio per indicare un racimolo d'uva.

**càcche:** qualche; **càcche ccàusa; càcche vvòta.**

**càcche d'ùne:** qualcuno.

**càcche du n' àtre:** qualcun altro.

**cafàune:** bifolco, cafone.

**cagnè:** cambiare.

**cajjìna:** gallina.

**cajòla:** gabbia per uccelli.

**cajèune:** definizione per indicare una grossa quantità.

**càjje:** caldo; **còme fa ne càjje!**

**càjjo:** siero del formaggio.

**càla:** scendere venire giù.

**calamàre:** calamaio per l'inchiostro.

**calamàre:** mollusco marino.

**callàre:** caldaio.

**callaràre:** artigiano che accomoda caldai.

**callaràlla:** recipiente per calce.

**calascìtte:** fermo usato per bloccare porte e finestre dall'interno.

**calecàgne:** tallone.

**calecàra:** grossa quantità di brace al camino.

**calecàra:** forno per lavorare calce spenta.

**calmarùcce:** barattolo.

**calzettìne:** calze leggere estive.

**calzettone:** calze invernali.

**càma:** residuo della trebbiatura.

**Cambetàjje:** Soprannome.

**cambesànde:** cimitero.

**càmbra:** camera da letto.

**camuffàte:** nascondere alla vista altrui; **jì sò camuffate pe' 'ngnì fa vedò.**

**camùine:** camino, costruzione di mattoni o in pietra dove si dà fuoco.

**canà:** risposta negativa, rifiuto; **che cci và quìsse a lla mèssa? à dìtte canà!**; che ci viene lui in chiesa? Ha detto di no!.

**canàla:** discendente per la raccolta delle acque.

**canàle:** corso d'acqua.

**canàssa:** di buona forchetta.

**candunìtte:** canduccio, angolo.

**candùina:** cantina, rimessa per alimenti familiari; vino, olio, pomodori ecc…;

**cangèjje:** cancello.

**cangarenàte:** per dire congelato; **tànghe le mène cangarenàte.**

**canganìtte:** sostegno in ferro che va dal portone al muro.

**canapùccia:** stoffa di poco valore.

**cannaròzze:** trachea, esofago.

**cannaruzzàune:** (m.) persona che non ha misura nel mangiare.

**cannaruzzìtte:** tubetti di pasta (detti militari).

**cannaruzzìune:** rigatoni (pasta).

**Canùcce:** Soprannome.

**cannavìccia:** frutto che si da come cibo agli uccelli.

**cannavùina:** campagna umida e fertile che costeggia il fiume Tirino.

**cànnele:** matterello; cilindro in legno usato in cucina per spianare, (**da spianatàura**) la pasta.

**Cannelòra:** Candelora, festa religiosa.

**cannelòtte:** ghiaccioli, stillicidi che si riproducono in inverno sulle grondaie; **uàrda che cannelòtte, inòtte à fàtte frìdde!**; guarda che ghiaccioli, questa notte ha fatto tanto freddo.

**cannòila:** candela.

**capàce:** probabile; **è ccapàce che quìsse nne vvà!**

**capabbàlle:**(avv.); a valle, in basso.

**cappàjje:** cappello con falde.

**capàte:** scegliere; **ji capàte ssì fascèure!**

**capàzza:** finimento per tenere fermo o guidare l'asino, cavallo ecc.

**capecòjje:** capocollo.

**capecàuda:** (avv.) capo-coda.

**capelùmme:** lonza, filetto di maiale.

**capefàuche:** alari da camino.

**capennabbàlle:** a valle, in basso.

**capenòira:** capinera, uccello.

**capestranòise:** per dire di Capestrano.

**capezzàle:** ritrovarsi in preghiera ai piedi del defunto.

**capennammònde:** (avv.); a monte, in alto.

**capesdòzje:** caporione, capo di un gruppo.

**ccapestà:** calpestare con i piedi.

**capestòire:** arnese rettangolare in legno bordato usato per scegliere legumi.

**capetàune:** capitone.

**capetùnne:** (avv.); nel senso di sottosopra; **à fàtte nu capetùnne!**

**capevòta:** capovolgere; **capevòta ssù tùine, cuscì s'assùca!**

**Cappenùcce:** Soprannome.

**capùite:** capire; **ji capùite còle che tte sò dìtte?**

**ccapùte:** entrato; **c'è ccapùte tùtte a jù sàcche?**; ci è entrato tutto nel sacco?

**carastùse:** colui che ha i prezzi alti.

**carastùjja:** mancanza di benessere.

**carbunàlla:** detriti di carbone.

**Carbunìtte:** Soprannome.

**Cardìjje:** Soprannome.

**carìcchja:** perno del carro agganciato ai buoi.

**ccarijè:** caricare, trasportare; **carijème ssà sàbbja!**

**carnìcchje:** ritagli di carne .

**caròfane:** persona poco raccomandabile.

**carùjja:** (v.) **carijè**.

**carracìne:** fichi secchi

**Carriòla:** Soprannome.

**carriòla:** carretta.

**carratàjje:** botticella per il vino.

**carrarèccia:** tracciato di strada sconnessa.

**carratùre:** famoso arnese rettangolare (a modo di chitarra) usato in Abruzzo per preparare i maccheroni.

**carrùchela:** argano per tirare.

**Carruzzàune:** Soprannome.

**carruzzàune:** carro funebre.

**carrìtte:** carretto a due ruote.

**cartulàjje:** cartella per la scuola.

**carùsà:** tagliare i capelli a zero.

**casàccia:** covoni sovrapposti durante la trebbiatura.

**casamìccia:** fare confusione.

**casarìcce:** casereccio; *pane fatto in casa*, ecc.

**càsce:** formaggio.

**càsce:** vocabolo bussese per indicare il torace del gambero; **che ji chèsce ci fàcce ju sùche!**

**casennà:** altrimenti; **casennà chj jì vò sendù! sennà:** per dire anche altrimenti; **sennà che ffè?**

**càscia:** cassa da morto.

**càscia:** baule per corredo familiare.

**casciàra:** fare confusione.

**casciarèune:** riferito a persona confusionaria.

**cascatàune:** caduta rovinosa.

**cascìtte:** tiretto; **pìjja jì solde a jù cascitte!**

**Catenìjje:** Soprannome.

**càvje:** (s.m.) cavolo; **ju càvje.**

**chèvje:** (s.m.pl.) cavoli; **ji chèvje.**

**catòina:** catena in generale.

**catòrce:** oggetto vecchio di poco conto.

**catràmma:** asfalto, conglomerato bituminoso.

**caucinìtte:** dolce natalizio bussese.

**càuce:** calce, impasto di malta.

**càula:** pezzetto di legno appuntito, usato per spillare il vino dalle botti.

**càuta:** buca, precipizio;termine usato a Bussi per indicare. disperazione: **ma vatt'ajjàtta a lla càuta!**

**cauzàtte:** calze.

**càuze:** pantaloni.

**càva:** cava per inerti; **vall'à ppurtà a llà càva!**

**càva:** cavare; **và ccavà ddù pède de 'nzalàta!**

**cavàjje:** cavallo.

**cavallàune:** onda del mare.

**cavallàune:** ragazza spumosa, molto presente; **quàssa è nu cavallàune.**

**Cazzìtte:** Soprannome.

**cazzijèta:** rimprovero.

**cazunìtte:** calzoncini.

**cazzuttàune:** pugno in testa.

**cazzembèreche:** sedano crudo, con olio, sale e pepe.

**cecasùrge:** pianta, pungitopo.

**cècce:** nocciolo delle ciliegie.

**Cendevìzje:** Soprannome.

**cènere:** cenere del camino.

**cèjje:** uccello (riferito ai volatili).

**cère:** lumino.

**Cendepìjje:** Soprannome.

**cèsa:** terreno poco ricco per la coltivazione.

**checòcce:** zucchine.

**checòccja:** zucca.

**che ccià cche ffà:** intercalare bussese per dire; **ma tu che t'mbìcce!**; ma tu che che cosa vuoi,(che c'entri).

**Checòccia:** Soprannome.

**checùmmare:** cocomero; (vedi) **citràune.**

**chelàta:** circa un chilo.

**chelòcce:** oggetto di poco valore; **quìsse è nu chelòcce.**

**chelàure:** colore; **che cchelàure brùtte!**

**chenòcchja:** oggetto usato per avvolgere la lana.

**chenòcchja:** vocabolo usato per indicare qualcosa di vecchio.

**Checchìne:** (dim) Francesco.

**chjacchjarà:** chiacchierare.

**chjàppa:** natica; **tà dù chjàppe!**

**chjàra:** albume dell'uovo.

**chjaràta:** battere la chiara d'uovo con lo zucchero.

**chi bbò scìa:** chi vuoi che sia; **Cungittì! ànne sunàte a lla porta, chj bbò scìa a cche st'àura?**

**chìleca:** parte del capo senza capelli; **ta na chìleca pelàta.**

**chjòma:** ramo verde della vite con grappoli d'uva appesi.

**chjòma:** anche per indicare capelli belli e folti; **còme tà na bèlla chjòma de capìjje!**

**chjavàji:** chiavistello, ingranaggio come catenaccio.

**chjève:** chiave per aprire.

**chjufèjje:** zufolo.

**cchjù:** più; **è cchjù bbajje de tù;** è più bello di te.

**chjèue:** chiodo.

**Ciacialèune:** Soprannome.

**ciàffe:** persona disordinata.

**Ciafardàjje:** Soprannome.

**Ciaffìtte:** Soprannome.

**ciafròcca:** naso grosso; **come tà na ciafròcca!**

**cialefàune:** persona sporca.

**ciambròcche:** definire un discorso poco concreto

**ciambrùjna:** ragazza pettegola.

**ciambàta:** calcio, pedata.

**ciambatàune:** calcione.

**ciambàlla:** ciambella di San Biagio.

**Ciammarecàune:** Soprannome.

**ciammarùica:** lumaca.

**ciangiafrusculà:** parlare poco chiaro, confuso.

**ciànga:** gamba.

**Ciangàtta:** Soprannome.

**ciangàtta:** fare uno sgambetto.

**ciandellìtte:** persona poco considerata

**ciàppa:** grappetta, fermaglio.

**ciaravàlla:** vino leggero.

**ciarciàlle:** orecchini a cerchio.

**ciarciapàjje:** pisello del bambino

**ciarlatàne:** persona che parla a vanvera.

**ciarlòtte:** persona nullatenente.

**ciàrqua:** quercia.

**ccjàrva:** acerba; **l'ùa è ccjàrva!**; l'uva non è matura.

**ciàula:** cornacchia.

**cciaulà:** chiacchiericcio tra persone; **che sse ciàula quàssa!**

**ciavàtta:** ciabatta.

**ciavattàune:** persona che si trascina nella vita senza interesse.

**cciavànza:** d'avanzo, avanzo.

**cicàgna:** sonnolenza improvvisa; **me 'mmenùta na cicàgna!**

**Cidepedòcchje:** Soprannome.

**Cidepòrche:** Soprannome.

**cìce:** ceci, legumi.

**ciccè:** germogliare.

**cìche:** piccolo.

**Cicchìne:** (dim.) Francesco.

**cicchètte:** rimprovero; anche **cicchettàune.**

**cicirchjèta:** minestra di legumi.

**cicirchjòla:** legumi per bestiame.

**cimaròle:** germogli dei broccoli.

**cimunàra:** ciminiera del camino.

**Cimmutìjje:** Soprannome.

**cincillàusa:** grappolo d'uva lungo e allentato.

**cindrùine:** cinta per pantaloni.

**cinematògrafe:** viene usato nel dialetto bussese durante una lite per futili motivi all'aperto; chi da

spettacolo; **stèteve zìtte, nne lle vedète che stète a ffà ju cinematògrafe annènde a sse perzàune!**

**cìneme:** cinema; sala di proiezione.

**cìnge:** stracci; **pìjja ssì ddù cìnge!**

**cinneràta:** soluzione acquosa composta da cenere bollita, usata come detersivo nei tempi passati.

**ciòcche:** grosso pezzo di legno.

**ciòcchele:** vocabolo generico per dire oggetto senza valore.

**ciòcchele:** zoccoli in legno da mare.

**cippetàjje:** zeppo, rametto, pezzettino di legno; **recùjje ddù cippetèjje.**

**ciràsce:** ciliegie.

**Ciràscia:** Soprannome.

**circhjèune:** cerchio della bicicletta, moto ecc…;

**ciremuniùse:** persona cerimoniosa, che fa complimenti.

**cirevàjje:** cervello

**cirevàlla:** per generalizzare tutta la testa; **nnè 'mme fa ggirà le cirevàlla!**

**cirìne:** cerini.

**cìtere:** bambino.

**cìtele**: anche bambino.

**cìtela**: bambina.

**citràune**: anguria, cocomero.

**citràte**: magnesia effervescente.

**cìste**: cesto per soma.

**ciùccia:** poppare il latte al seno.

**Ciucìtte**: Soprannome.

**Ciucculìtte**: Soprannome.

**ciucchelattàra**: caffettiera.

**ciucchelattàra**: vocabolo usato anche per disprezzare qualche cosa; **ma quàssa è na ciucchelattàra!**

**ciucculàta**: cioccolata.

**ciufèca**: caffè scadente.

**Ciummìtte**: Soprannome.

**Ciuppìtte**: Soprannome.

**ciùrre**: avere pochi capelli; **tànne remaste ddù ciùrre**

**Coccjaciùcca**: Soprannome.

**còcchja**: crosta della ferita.

**còcchje**: guscio delle noci, dell'uovo ecc..;

**codanzìnzèra**: uccello, volatile.

**còfana**: (v.) **còscina.**

**còfana**: prenderne una grossa quantità; **ne so fàtte na còfana!**

**còfane**: cesto.

**cògna:** recipiente di terracotta con manici.

**cognàcca**: brandy, cognàc.

**còjje**: collo; **còme ta nu còjje!**

**còjje**: cogliere; **và ccòjje ddù pummadàure!**

**còla**: quella; **che còla 'ngì se po' parlà!**

**còla**: colare, perdere acqua; **ssù callarùcce còla!**

**Còlle**: contrada di Bussi.

**còleca**: dolori addominali.

**Cometènacàuda**: Soprannome.

**comò**: cassettone per biancheria.

**condrafenzièune**: multa, sanzione.

**cònga**: recipiente in rame per contenere l'acqua in casa.

**convulziòne**: violenta contrazione dei muscoli di natura patologica.

**cònzele**: pranzo offerto ai parenti del defunto.

**còmbete**: compiti scolastici; **prìma fàtte ji còmbete e dòpe jèsce!**; prima fai i compiti e dopo esci a giocare.

**còppa**: misto del maiale, realizzato con cotenne e vari grassi.

**còppa**: misura agraria.

**còppe**: recipiente per cuocere sotto la brace.

**còppela**: berretto.

**corrènde**: vocabolo bussese molto usato, anche per dire; energia elettrica; **se né ìta la corrènde!**; non c'è energia elettrica.

**corrènde**: flusso d'aria; **chjùde ssà fenàstra che ffà corrènde!**; chiudi quella finestra che arriva una corrente d'aria.

**corrènde**: massa d'acqua in movimento; **st'attànde a lla corrènde de ju fijùme.**

**còscina**: recipiente circolare in legno di altezza media con fondo chiuso.

**còsse**: gambe; **te ròmbe le còsse!**; ti spezzo le gambe.

**còta**: cogliere; **la 'nzalàta la so còta l'àtra sòira!**; l'insalata l'ho raccolta l'altra sera.

**còte**: cogliere (m) **ji so còte frìsche, frìsche.**

**còteca**: cotenna del maiale; vocabolo usato anche per indicare quella della porchetta.

**còtteme**: aver lavorato sodo; **so fàtte nu còtteme a rrepulù la casa!**; ho lavorato tanto per pulire la casa.

**cràpa**: capra.

**caprìtte**: (dim) di capra.

**Craparòscja**: Soprannome.

**crapàune**: uomo rozzo.

**cràsce**: crescere; **còme cràsce ssà criatùra!**

**crastà**: castrare un animale.

**cràsteca**: uccello molto sveglio; **è ffùrbe còme na cràsteca**

**Cràuce**: Croce di Cristo; **ci so fàtte la Cràuce!**

**cravattùine**: afferrato per il bavero.

**credènza**: armadio da cucina.

**Crepatàjje**: Soprannome.

**ccrèpapànza**: mangiare a crepapelle.

**crestijène**: per indicare un'altra persona; **è passàte nu crestijène che nne 'nguniscève**; è passata una persona che non conoscevo.

**crestùccia**: pane abbrustolito cosparso di olio, sale e aglio.

**cresòmmela**: albicocca.

**criatùra**: bambino/a.

**Crìste**: Cristo Santo.

**crisce**: lievito, pasta madre.

**crìsce**: (v.) **cràsce**; vocabolo usato anche per dire; **crìsce Sànde.**

**cròcchja**: crosta ben cotta del pane.

**cròide**: credere; **'ngì cròide a ccòle che te st'addùice!**; non ci credere a quello che ti sta dicendo.

**cròita**: creta, fango.

**cròlla**: crollare; **ssù tìtte crolla!**

**cròsta**: raschiatura dell'impasto del pane.

**Crucìtte**: Soprannome.

**crugnèle**: corniolo, pianta con bacche.

**ccumbrà**: comperare; **so jte a ccumbrà le pane.**

**ccuscì**: vocabolo che viene usato nei dialetti come rafforzativo. Formato dalla composizione della vocale **a più ccuscì: accuscì; accuscì te 'mbère/làssai accuscì, nne ji tuccà!**

**cuscì**: cucire; **so da cuscì ddù vestùite pè ddumàneca!**

**cùcche**: bernoccolo.

**cùccheme**: oliera col becco.

**cucciulàune**: per indicare una persona con la testa dura.

**cucchjaràtta**: cucchiaio in legno per girare il sugo.

**cucchjèra**: cazzuola da muratore.

**cuccutrìjje**: coccodrillo.

**cùccuma**: bricco.

**cùcuma**: fuoco soffocato sotto cenere.

**cuccumàlla**: pentolino

**cucucciàre**: gioco di comitiva del passato mentre si sgranava il mais.

**cucuccìjje**: zucchine.

**Cudàcchje**: contrada di Bussi.

**cùgne**: spicchio triangolare preparato dal sarto per un abito.

**cùjja**: ernia.

**cujjàtre**: (agg) quell'altro;**se né 'jte a cujjàtre mùnne!**

**culàcce**: parte posteriore del fucile.

**culàccja**: posteriore dell'animale macellato.

**cùle**: sedere, deretano "culo".

**culecàte**: andare al letto, sdraiarsi.

**cùlme**: pieno; **à fàtte ji piètte cùlme!**

**culunnètta**: comodino della camera.

**cumbarù**: apparire, avere una buona apparenza.

**cumbàre**: compare; (San Giovanni).

**cumbàre:** padrino della comunione.

**cumbarùcce**: figlio del compare.

**cumbenà**: combinare, fare; **che stè ccumbenà a ssà stanza!**

**culepetràne**: persona di Collepietro.

**Cumandìne**: Soprannome.

**cumbenazijèune**: combinazione, incontro fortuito; **che cumbenazijèune! Jème a jù stèsse albèrghe**

**cumblemènde**: è buona usanza bussese fare un rinfresco prima o dopo uno sposalizio.

**Cummùne**: comune, municipio.

**cumbòste**: stare seduto civilmente.

**cumbùine**: confine della proprietà; **à 'nd'arrùiva ju cumbùine!**

**cumbùnne**: (v) **accumbùnne.**

**cumburtà**: comportamento di una persona.

**cumenecànde**: bambino\a della comunione.

**cumenzà**: incominciare.

**cummànde**: convento; **ju cummànde de Capestràne.**

**cummàre**: commare.

**cummàtte**: occuparsi di qualcosa.

**cummèddia**: baccano, fracasso.

**cummedetà**: comodità; **le cummedetà nne bàstane màj**

**cumbòsta**: catasta di legno.

**cunàlla**: fattrice (coniglio).

**cunìjje**: coniglio.

**cunarànnela**: luogo particolare del fiume Tirino, molto frequentato nel sessanta per fare i bagni.

**cungallàte**: riscaldare oltremisura.

**cùngare**: luogo dove si trova la conga

**cunàte**: cognato.

**cùnnela**: culla a dondolo per neonati.

**Cungittìna**: Congetta.

**Cungittàlla**: Soprannome.

**congrèca**: riunione di persone.

**cùnde**: conto.

**cunzàrva**: ristretto di pomodoro.

**cunzàrvala**: conservare,mettere da parte.

**cunzìjjè**: consigliare; **che tte pòzze cunzìjjè, fa còme mèjje crùide!**

**cunzìjje**: consigli; **ji cunzìjje, 'nzò màj tròppe!**

**cupàrta**: coperta da letto; **tànghe na bbàlla cupàrta fiuràta.**

**cuppàte**: essere sorpreso; **ma cuppàte l'àcqua!**

**cuppèlla**: recipiente per portare il vino **(nu quartùcce)**

**cupirchjòla**: dolce natalizio.

**cuppùine**: mestolo per minestra; **mìttemene 'natre cuppùine**

**cuppùine**: mestolo in rame per prelevare l'acqua dalla conca.

**cuppùine**: (da coppino) presentare il concavo della mano, anche per dire; **dàmmene nu pùjne.**

**curàla**: querela; **se 'nzìste, te dànghe curàla!**

**cùra**: curare una ferita.

**curiiuse**: persona ficcanaso, curiosa.

**curdìsche**: per indicare una nascita dardiva.

**currènne**: gerundio di correre.

**curnàcchja**: cornacchia, uccello.

**curnàcchja**: femmina che ciarla, qua e la.

**curtàjje**: coltello.

**Curunìjje**: Soprannome.

**Curzìtte**: Soprannome.

**cùsta**: costo; **quànde cùsta?**

**cuscinàlla**: recipiente rotondo di legno con fasce laterali medio alte.

**cuscìle**: cuscino.

**cùte-cùte**; richiamo del coniglio.

**cutàrra**: chitarra.

**cuttùre**: paiolo in rame.

**cùteche**: persona sporca; **tà le cùteche a lle ràcchje**

**cutechìne**: ritagli di maiale.

**cutechìne**: per specificare le salsicce così composte.

**cuvèlla**: anello in legno adoperato dai contadini per dare passaggio e sostegno alla fune.


# D


**da**: (prep) da; **da demàne cumànze a trescà; da demàne và ' ffàtijè che Dèlfine a Castellanza.**

**dà**: (v.a.) dare; **stà ddà jù colòre a lla casa!**; sta dando il colore a casa; **dà 'mmagnè a lle cajjìne**; dai a mangiare a lle galline

**daccàpe**: da capo; **recumànza daccàpe**; ricomincia da capo.

**daccàpe-appède**: per sintetizzare meglio dall'inizio alla fine; **sò fatijète daccàpe-appède jànne**; ho lavorato dall'inizio alla fine dell'anno.

**dafòre**: fuori; **ji sò mìsse dafòre la porta**; l'ho messo fuori la porta.

**damiggiàna**: damigiana, grosso recipiente di vetro a forma di fiasco.

**dandà**: da dove; **dandà và quìsse!**; da dove viene quello?

**dànde**: dente; **me fa male jù dànde!**; mi fa male il dente.

**dannàte**: disperare; **stù fijje me fa dannà**; questo figlio mi fa disperare.

**dannàta**: riferito al tempo passato; **ste vùjne è dannata!**; questo vino è di una annata buona.

**dannazijèune**: disappunto, tormento.

**dapò**: poi, dopo.

**Dargìsa**: (n.p.) Adalgisa.

**davàndre**: dentro; **ji remàtte davàndre a jù stùipe**; lo rimetto dentro il tiretto.

**ddàuce:** dolce (gusto); **com'è ddàuce ssù cafè!**; com'è dolce quel caffè.

**dducènde**: duecento; **èvane cchj de dducènde**; erano più di duecento.

**ddùdece**: dodici; **so ddùdece picinìjje**; sono dodici pulcini.

**ddùice:** dire; **ma che stà ddùice quìsse!**; ma che sta dicendo quello!.

**ddumìla**: duemila; **ddumìla lìre**; duemila lire.

**debbuscjàte**: trascurato, dissoluto.

**dellùvje**: forte temporale, diluvio.

**delàure**: dolore; **tànghe nu delàure a jù ùte!**; ho un dolore al gomito.

**Demìneche**: (n.p.) Domenico; Micucce.

**desculpàte**: giustificarsi di; **dòpe se desculpàte**; dopo si è giustificato

**descussijèune**: contrasto, litigio, discussione; **stèvene a ffà na descussijèune a ju bbàrre de fecurìjje pe' ju Cummùne!**; stavano facendo una discussione al bar "de Fecurijje" per il Comune.

**despàtte**: dispetto; **pe' despàtte nne 'ngì vanghe!**; per dispetto non ci vengo.

**desperazijèune**: mancanza di speranza; **pe' lla desperazijèune se 'mbeccàte!**; per la disperazione si è impiccato!

**desperàte**: disperato; **và ggirènne come nu desperàte**.

**despettùse**: dispettoso; **è despettùse come na scimmia**; dispettoso come una scimmia.

**destrùgge**: disfare, distruggere; **te pùzze destrùgge come l'assògna!**

**dessanguàte**: dissanguare (rovinarsi economicamente).

**detàune**: dito (alluce).

**descùte** discutere.

**devòte**: devoto a qualche cosa.

**dìbbete**: debito; **è ppìne de dìbbete**; si dice a quelle persone che hanno tanti debiti.

**dicèmmere**: dicembre.

**dicìna**: dozzina; **tànghe na dicìna de cunìjje**; ho una diecina di conigli.

**dijàule**: diavolo; **quìsse ne sa una chiù de jù dijàule!**; quello ne sa una più del diavolo.

**dijaulìtte**: ragazzo vivace; **quìsse è nu dijaulìtte!**.

**dijaulìtte**: vocabolo usato anche per indicare il peperoncino piccante.

**discindènza**: avere origini da.

**dòpe**: dopo, poi; **dòpe se vedème**;dopo ci vediamo; **tu và, ji vànghe dòpe!**; tu vai, io vengo dopo.

**dòghe**: strisce di legno che formano il corpo della botte.

**dopedemàne**: dopodomani.

**dòppje**: di più, doppio; **vòjje le dòppje**; voglio il doppio (di più).

**dùite**: dito.

**Dumàneca**: (n.p.) Domenica/dim:Menecùccia.

**dumàneca**: domenica (giorno della settimana)

**dumàte**: domare; **jì dumàte ju cavàjje?** Hai domato il cavallo?

**Dunàte**: (n.p) Donato; dim:Donatijje.

**dunàte**: donare; **le so dunàte a jù pràute!** L'ho donato al prete.

**dunazijèune**: donazione (notarile).

**durmijjèune**: persona lenta, poco attiva; **ma ca dà fà Mecchèle,** **quìsse è nu durmijjèune**; ma che deve fare Micchele, quello è un dormiglione.

<br>

# E

**e** (cong.) e; **la rosa e lle spùine**; la rosa e le spine; **e allàura**; e allora!.

**ème**: (forma verbale) abbiamo; **ème fàtte còme ìve dìtte!**; abbiamo fatto come avevi detto! **ème scupirchjète jù tìtte**; abbiamo scoperto il tetto.

**ebbè**: (esc.) ebbene (v.) ‘mbè.

**èllevòire**: è vero; la traduzione grammaticalmente sarebbe; **è lle vòire**; ma, per una lettura scorrevole viene unita e accentata; **èllevòire che demàne arrùiva zà Ggiuànna?**; è vero che domani arriva zia Giovanna?

**Emìddje**: (n.p.) Emiddio; dim/ Mìddje, Meddijùcce.

**erbètta**: prezzemolo.

**Ernestìna**: (n.p.) Ernestina.

**escì**: affermazione ripetuta; **te so dìtte escì!**; ti ho detto di si!

**ète**: (forma verb. aus.) avete; **ète vìste**; avete visto. Con la prep.da diventa dovete; **ète da partù sùbbete, sennà nne ‘nfacète attàmbe a ppijjè ju trène**; dovete partire subito, altrimenti non fate in tempo a prendere il treno.

F

**fà**: (v.a.) fare; **fa la perzàuna sèria**; fai la persona seria/**che ssè fa!**; cosa si deve fare!/**fa làste**; fai presto; **còme fa ne càjje!**; come fa caldo.

**ffà**: fare; in frasi interrogative troviamo "**a ffà** "; **che ccì pènze a ffà?**; **che llì dìtte a ffà? che ci jte a ffà!?**.

**fabbrecà**: fabbricare.

**faccènda**: situazione, circostanza da sbrigare; **come tè jta còla faccènda?**; hai risolto quella situazione?

**fàchete**: fegato; **so fàtte ddù saucìcce de fàchete!**

**fàlla**: buco, interruzione, mancare qualche cosa.

**Ze Fàleche**: Soprannome.

**fàcciaffrònde**: dirimpetto, (a cospetto di); **mo te fàcce fa nu fàcciaffrònde, cuscì vedème se dùjce la verità**; ora ti metto di fronte a tizio, così vediamo se dici la verità.

**fàmmena**: femmina.

**fanfàrra**: fanfara, banda musicale.

**fanfarràune**: personaggio tutto fare senza concludere; **quìsse è nu fanfarràune.**

**fangòtte**: insieme di cose involte; **se né jte che nu fangòtte sènza dùice nènde!**

**fantascìja**: fantasia.

**Farcupìne**: Soprannome.

**Fascèure**: Soprannome.

**fascèure**: fagioli

**fasciulìtte**: fagiolini.

**Fasciulìtte**: Soprannome.

**facème-cùnde**: fare in modo che; **facème cùnde che 'nde so sendùte!**

**fattaràjje**:racconto.

**fàtte**: maturo; **le ciràsce sò ffàtte!**

**fàtte**: avvenimento, cosa compiuta; **stèva à rraccundà nu fàtte de Bbùsce.**

**fattùra**: fare l'incantesimo.

**fàuche**: fuoco;

**faucìa**: falce messoria usata (per erbe e cereali).

**fàucia**: falce fienaia.

**faurù**: favorire il cibo.

**fauzàune**: persona poco raccomandabile.

**fàuze**: falso.

**favocchji**: artigiano che realizza e ripara carri.

**favètta**: erba da foraggio.

**fazzulètte**: fazzoletto

**febbràre**: febbraio

**Fecurìjje**: Soprannome.

**felàre**: lunga fila: vocabolo usato dai contadini; **so mìsse ddù felàre de fascèure!**

**fèlla**: fetta di pane.

**fellàta**: per dire una ricca affettata di salame, prosciutto ecc…

**felòssera**: malattia della vite.

**fenazijèune**: finimondo (avere fine).

**finemùnne**: nel senso di:**dòpe che lla sapùte à fàtte scuppjà ju finemùnne.**

**Fenìjje**: Soprannome.

**fenùite**: finire.

**fènza**: rete metallica usata per recingere uno spazio.

**fermùica**: formica.

**ferràre**: fabbro.

**Ferrenìjje**: Soprannome.

**Ferrìtte**: Soprannome.

**fedà**: fidarsi.

**fedàta**: persona fidata.

**fèsse:** sciocco, fesso.

**festaròle**: componente di un comitato.

**fetàte**: uova già deposte dalla gallina.

**ffetà**: in questo momento; **stà ffetà la cajjina!**

**ffùnghe:** vuoto, privo di sostanza.

**fettùccia**: nastro.

**fève:** fave.

**fèzza**: ciocca di capelli.

**fèzza**: matassa di lana.

**fijàccia**: residuo del mosto.

**fiadàune**: dolce al formaggio natalizio.

**fiangàtta**: fianco.

**ficcanàse:** immischiarsi nelle faccende altrui.

**ficciànna**: persona affaccendata.

**ficura**: fico.

**Ficurafràsca:** Soprannome.

**Filalàne:** Soprannome.

**fiètta**: filza di aglio o cipolle composte dai contadini.

**fijje**: figlio.

**feleppùina**: tramontana.

**fengàrda**: persona infida.

**fiòcca**: nevica.

**fiònna**: fionda, strumento formato da due elastici assicurati all'estremità della forcina di legno.

**fìtta**: tipo di maglia lavorata ai ferri; **ci vò na majjia fìtta, sennà s'allànda!** deve essere una maglia stretta, altrimenti si allenta.

**fìtte – fìtte**: stretti stretti; **stavàme fìtte fìtte che 'nde putìve mànghe ggirà**; eravamo così stretti da non poterci neanche girare.

**fìtte**: fermo, calmo; **te so dìtte, stàtte fìtte, sennà le pìjje!**; ti ho detto stai fermo, altrimenti le prendi.

**fischjtte**: fischietto.

**fiuccàte**: ha nevicato.

**flìtte**: insetticida.

**fluccàte**: andare addosso; **jù cane ji sé fluccàte 'ngòjje**; il cane gli si è avventato addosso.

**fundijària**: imposta di pagamento

**fònga**: vuota; **ssà nàuce è ffònga!**

**fòrma**: aspetto umano.

**fòrma**: cestello in legno per modellare il formaggio.

**fòrbece**: forbici.

**frà**: (appellativo); per dire fratello anche tra amici.

**fracàtta**: abbottonatura dei pantaloni.

**Fracattasàcca**: Soprannome.

**Fraccàzze**: Soprannome

**fràciche**: guasto, andato a male.

**fràciche**: tutto inzuppato; **stè 'nzuppàte fràciche!**

**Frangìsche**: (n.p.) Francesco; dim. **Frangischìne, Checchìne** e **Cicchìne.**

**fràsche**: fronda, frasche.

**fràteme**: mio fratello.

**fràtete**: tuo fratello.

**fràtta**: siepe.

**ffrecà**: rubare; **che ttè stè ffrecà!** cosa  stai rubando!

**frèca**: per dire molto, quantità; **ci stèva na frèca de ggiànde!**

**frecatùra**: imbrogliato, buggerato; **à pijjète na frecatùra a cumbràsse còla màchena!**

**frègne**: persona furba; **quìsse è frègne!**

**frègne**: nel senso di rabbia, irritazione; **nne'mme fa pijjè le frègne!**

**frenesìa**: desiderio insistente.

**fressàura**: padella; **so fàtte na fressàura de peparèjje!**

**frettàta**: frittata.

**frignàcce** sciocchezza, stupidaggini.

**frignaccìare**: colui che racconta frottole.

**frìscule**: torchio per pigiare l'uva.

**frijjète**: (v.) friggere; **so frijjète ddù paparellòtte che la saucìccia!**

**frìzzela**: attrezzo di legno biforcuto assicurato alle estremità con un elastico.

**fronde**: fronte, parte alta della testa.

**frònne**: fogliame in genere.

**le fròsce**: foglie.

**fròsce**: narici del naso.

**fròsce**: persona omosessuale.

**frùjje**: (v.) friggere; **frùjje ssà pàscja!**; friggi quella trota.

**frùnghele**: foruncolo.

**fucaràcce**: fuoco con fiamma alta.

**fùgne**: fungo.

**fullacciane**: fioroni (fico).

**fullàcchje**: fico.

**fùlmene**: scarica elettrica, fulmine.

**Fùlmene**: Soprannome.

**fùide**: fidarsi; **nne'mme fùide de quìsse!**; non ho fiducia di quello.

**funnàjje**: fondello dei pantaloni.

**fùnne**: fondo; **la bbàrca và ffùnne!**

**funnùte**: profondo; **fa ji sùleche funnùte!**; fai i solchi profondi!

**fundàna**: fontana.

**funzijèune**: funzione liturgica.

**furàsteche**: persona scontrosa.

**furastière**: forestiero.

**furàte**: bucare una gomma.

**furcàune**: attrezzo agricolo in legno con due o tre rebbi (denti) usato per inforcare il foraggio.

**fùrche**: per indicare una misura piccola; **è nu fùrche!**

**furchettàune**: portaborse; persone intorno ai politici.

**furcinàlla**: (vedi) **frìzzela**.

**furmìccica**: formicolio dei piedi o delle mani.

**furnacìalla**: fornello per tegami delle vecchie cucine.

**furijùse**: frettoloso; **nn'àsse furijùse a repassà ssà càmbra!**; non essere frettoloso a dipingere quella camera.

**fùria**: fretta; **'nde màtte fùria, percò c'è ttàmbe!**; non avere fretta tanto c'è tempo.

**furmàune**: derivazione di un fiume con una buona portata d'acqua.

**fòrma**: stampo del calzolaio per le tomaie.

**fòrma**: ben preparato in qualche cosa, anche fisicamente.

**fòrma**: (vedi) **furmàune**.

**furnàce**: forno per la cottura di argille o materiale edile.

**fùrre**: forno per il pane.

**Furnaràjje**: Soprannome.

**fùsce**: (ver.ess.) fossi; **'Ngì fùsce maje nàte!**; non ci fossi mai nato!


# G


**garbàte**: persona educata.

**gàrbe**: per indicare una linea attillata dell'abito.

**garòfane**: fiore.

**garòfane**: vocabolo usato per quelle persone scaltre; **quìsse è nu garòfane?**.

**Giusàppe**: (n.p.) Giuseppe/dim. Pèppe, Peppìne.

**Giuseppìna**: (n.p.) femm. Peppenèlla.

**ggèsse**: gesso.

**GgèsùCrìste**: Cristo, Gesù.

**GgèsùMmarìa**: esclamazione di meraviglia.

**ggiaccàtta**: giacca.

**ggiacchettàlla**: giacca di poco valore.

**Ggiacchìtte**: Soprannome.

**ggiallòteche**: persona pallida, malata.

**ggiànde:**gente; numero indeterminato di persone; **a lla fàsta, ci stèva na frèca di ggìande!**; alla festa c'era tanta gente.

**perzàune**: vocabolo bussese usato per dare una chiarezza ben precisa alla quantità della **(ggìande)** presente; **Cungittì, che ccì stà la fòlla a jù macèjje?, ci stànne solo ddù perzàune**; Congettina, che c'è folla alla macellaria? ci sono solo due persone.

**ggilùse**: geloso.

**ggiòbba**: affare combinato e ben riuscito.

**ggiòche**: gioco in generale.

**ggiramùnne**: persona che se la spassa.

**ggìra-ju mùnne**: per dire capogiro; **a quànde me sé ggiràte ju mùnne e 'ngì so vìste cchjì!**; improvvisamente ho avuto un capogiro ed ho perso i sensi.

**ggiravòta**: giravolta.

**Ggiuànne**: Giovanni/dim. Giannìne, Nìne e Ninùcce.

**ggiudìzje**: chi ha buon senso.

**ggiùgne**: giugno.

**ggiunòtte**: giovanotto.

**ggiandùjja**: cioccolatino.

**ggiurnàle**: giornale.

**giùuddù**: giovedì.

**glòbbe:** palo dell'illuminazione comunale.

**Gnagnitte:** Soprannome.

**gnattàune**: camminare a gattoni.

**gnizzjèune**: iniezione di liquidi medicamentosi.

**gnurànde**: rozzo, ignorante.

**gnurandàune**: maleducato.

**gnòve**: nuovo.

**gòbba**: gobba; (vedi) **sgubbàte.**

**grammòfene**: anticamente veniva semplificato il vocabolo per indicare sia il grammofono (con la manovella girevole) che la radio.

**gùnfie**: gonfio; **ssù pallàune nnè ggùnfie!**; quel pallone non è gonfio.

**gnorsì**: usato nel passato per dire; **sìssignòre.**

**gnòcchele**: gnocchi; pasta fatta con patate e farina; **vòjje me sò magnète nu bbèjje piàtte de gnòcchele**; oggi ho mangiato un bel piatto di gnocchi.

**Gnòcchele:** Soprannome.



**ì** (pron.): io; **ì e ttù;** io e te; **ì ji le so dìtte!**; io glielo detto.

**ì** (v.i): andare; **ci ù ì ?;** ci vuoi andare? **Ci ìte a lla scòla**; ci sei andato a scuola.

**ilà:** (v.a.) gelare; **à fàtte na ilàta,  se ne càscane pùre ì cèjje!**

**imbè**: come dire: e allora?; cosa vuoi?:**imbè mo che vvì?.**

**ìmbje**: riempire, colmare; **ìmbje ssì bbicchjère**; riempi quei bicchieri.

**immèrne:**inverno.

**Inèssa**: (n.p.) Ines.

**immèce**: invece; **immèce, angàura n'arrùiva!**; invece ancora non arriva!

**innà**: contrastare con forza la negazione "no": **innà, ne nà cuscì.**

**Innàre**: gennaio.

**inòtte**: questa notte; **inòtte, 'nzò durmùite pe' nnènde!**

**inòcchje**: ginocchio.

**ittecà**: impaurito, sussultare per qualche cosa; **mi fàtte ittecà!**

**ìva**: oliva.

# J

**ju** (art.deter): il.lo; **ju setàcce**; il setaccio; **ju cumbàre**; il compare; **j'àsene**; l'asino; **ju strùzze**; lo struzzo.

**jì** (v.): andare; **jì vàjje**; io vado; **Pettenàre è jte a lla vìgna!**; **demàne jème a Pescàra! Jì vàjje a fatijè a lla Zzòcina.**

**jàmme**: andiamo; **jàmme, sennà se fà nòtte!** andiamo, altrimenti si fa notte.

**jème**: andiamo; **jème a jù bbàrre!**; andiamo al bar! **Cungittì, jème a purtà le pàne a jù fùrre!**; Congettina andiamo a portare il pane al forno.

**jii** (escl.): dare voce al cavallo per fermarlo.

**jàcce**: sedano; **so repurtàte ddù còcce d'àcce;** ho riportato un po' di sedano.

**jàcce**: giaciglio di paglia.

**jacquàre:** rugiada del mattino.

**jàccure:** fune per basto.

**jàjje:** aglio.

**jagnèjje:** agnello.

**jàmma:** stinco della gamba; **te ròmbe le jàmme de le còsse;** un modo per dire; ti spezzo le gambe.

**Jammàtta:** gomitolo.

**jjànna:** ghianda.

**janàssa:** mandibola; **se 'nde stè zìtte, che nù cazzòtte te ròmbe la janàssa;** se non stai zitto, con un pugno ti spezzo la mandibola.

**jàndra** (v.): entrare; **jàndra che ffòre pjòve!**; entra che fuori piove.

**jannaràjje:** girello per bambini.

**jappiccèure:** picciolo o pendutolo.

**Jarcipràute:** Soprannome.

**jàrva:** erba.

**jàtta:** gatta; **st'attànde a ssà jàtta!**

**jàtta:** buttare, gettare; **jàtta ssà fune!**

**jattaròla:** passaggio del gatto.

**jattùccia:** gattina.

**jàute:** alto; **è bbèjje jàute, st'attànde a nne 'ngascà!**; è abbastanza alto, stai attento a non cadere!

**jaddàure:** per apostrofare chi si è comportato male; **ha lassàte solo jaddàure!**

**jautomòbbele:** macchina.

**jàrze:** branchie dell'apparato respiratorio; vocabolo usato a Bussi per dire; **mò te càcce le jàrze!**

**Jazzàune:** Calabrone

**jèmmere:** (pl.m.) gamberi.

**jàmmare:** (s.m.) gambero; **sème magnète nu bèjje piàtte de jèmmere che lle signuràlle;** abbiamo mangiato un bel piatto di gamberi con le codine.

**Jènere:** genero.

**jèccuta:** vado giù; sotto a…

**jèue:** uovo; **le cajjìne ànne fetàte, và 'rrecòjje jèue!**; le galline hanno fetato, vai a raccogliere le uova!

**jèle:** gelo.

**jèmmaro:** aratro ad una lama.

**jnèpre:** ginepro.

**jènnecio:** uovo finto in pietra usato per stimolare la gallina a fare l'uovo.

**jòbbeche:** per indicare un posto nell'ombra.

**jòcchje:** occhio.

**jòche:** gioco;**che jòche è quìsse!** che gioco è quello!

**Jòrgane:** organo, strumento a tastiera.

**jòrgane:** funzione vitale; vocabolo usato a Bussi per dire; **te ròmbe jòrgane de jù cùle.**

**jonomàsteche:** onomastico; che riguarda il proprio nome.

**jòrre:** giorno.

**jòrefece:** orafo, gioielliere.

**Jòrte:** orto, terreno lavorato per

piccole colture.

**Jòzza:** fanghiglia da stalla.

**jùffe:** lombo; **so sbattùte jùffe de jù cùle!**

**jummàlla:** quantità contenuta tra le mani poste a coppella.

**jumbràlla:** ombrello.

**jumbrellàre:** ombrellaio, colui che aggiusta gli ombrelli.

**Jùnde:** arrivato; **è jùnde accàpe che jì fascèure!**; è arrivato in fondo con i fagioli per la semina.

**jurnàta:** giornata; **vòjje è na jurnàta brutta.** Oggi è una brutta giornata.

**jùrze:** orso.

**jùste:** giusto; **la mesùra è jùsta!**; la misura è giusta.

**jùteme:** ultimo; **quìste è jùteme sàcche!**; questo è l'ultimo sacco.


# L


**làbbre:** labbro; **me so muccicàte le làbbra.**

**làbbre:** lepre; **ème fàtte jù làbbre a lla cacciatàure;** cucinare la lepre in salmì.

**laccamùsse:** indirizzare uno schiaffo sul viso; **mo te fàcce sendù nu laccamùsse.**

**làcce:** lacci delle scarpe.

**làcina:** prugna; **sse làcina ssò cciàrve**; quelle prugne sono acerbe.

**làcrema:** lacrima che stilla dagli occhi.

**llacremà:** lacrimare; **me stanne a llacremà j'òcchje.**

**làmba:** fiamma del fuoco; **la làmba de ju fàuche è pereculàusa!**; la fiamma del fuoco è pericolosa.

**lambàta:** fiammata; **à fàtte na lambàta!**

**làmbe:** scia di luce prima delle scariche elettriche.

**làngua:** lingua; **còme tà na làngua!**; modo di dire bussese.

**lànza:** lenza per pescare.

**làppa:** erba che si aggrappa al grano.

**làppe:** cucitura dell'orlo.

**lappùcce:** imbastire un piccolo orlo.

**làppese:** matita.

**làrde:** grasso di maiale.

**làsca:** fetta di pane; **tàjja na làsca de pàne!**

**làssa:** lasciare; **làssa stà ssà sèggia**; lascia quella sedia.

**làste:** subito, in fretta; **va ccùmbra le pàne e ffà làste!** Vai a comperare il pane e fai in fretta.

**làsteca:** elastico.

**latanùjja:** ripetere sempre le stesse cose.

**latrajère:** l'altro ieri; **Meccò! jì sumundàte? èsscì Armà, pròpije latrajère!** Domenico hai seminato? Si Armando, proprio l'altro ieri!

**làttera:** lettera.

**làttreca:** nei tempi passati (la corrente ) veniva chiamata così.

**làvaci:** nel senso di sbucciare; **làvaci la scòrcja a jù partuàlle.**

**làvete:** scanzare, togliti; **làvete da àsse, ca ccì stanghe jì**; togliti da quel posto perchè ci stò io.

**lazzarìtte:** peperoncino.

**Lebbràte:** (n.p.) Liberato.

**lebbrètta:** quadernetto usato (nei tempi) per segnare a credito nei negozi

**lègge:** legge.

**lèmosena:** fare carità; **ma che me st'èffà lle lemòsena!**

**lendìcchje:** lenticchie.

**lenzàure:** lenzuolo.

**letàme:** letame.

**llappàde:** a piedi; **mo, te la fè a llappàde, cuscì te 'mbère!**

**llevòire:** vero, è vero; **né llevòire còle che stè ddùice!**; non è vero quello che stai dicendo!; **è llevòire, le so sendùte jì;** è vero l'ho sentito io.

**lìbbre:** libro.

**lìbbera:** liberare; **lìbbera ssì cardìjje.**

**lìgge:** leggere; **lìgge ssà poesìja!**

**liggère:** leggero.

**lignìne:** gengive; **tànghe tùtte le lignìne arruscète;** ho le gengive arrossate.

**llùjje:** luglio.

**linfèrne:** per dire casino, confusione; **à fàtte l'ìnfèrne quàd'è rìite a lla casa!**

**lìsce:** liscio; nel giuoco si usa dire; **c'è ìte lìsce!**

**liscèbbùsse:** termine di giuoco nel tressette; **ci vàjje lìsce e bbùsse!**

**liscèbbùsse:** vocabolo usato in dialetto bussese per rimproverare; **jà fàtte nu liscèbbùsse!**

**littièra:** testata del letto.

**lòcca-lòcca:** per dire piano piano.

**lòche:** là, in quel posto; **jì so mìsse lòche!** l'ho messo in quel posto.

**lòina:** legna.

**lòffa:** scoreggia silenziosa.

**lòffare:** persona sfaticata.

**Lòffare:** Soprannome.

**lònga:** lunga; **com'è lònga ssà fùila!**; come è lunga quella fila!

**luciattà:** lucciola.

**lucchètte:** lucchetto, serratura mobile.

**Luchìtte:** Luca.

**Luchìtte:** per ricordare l'unica sala cinematografica di Bussi.

**luffàune:** si dice a quelle persone lente.

**Luìgge:** Luigi/dim. **Luiggìne, Gìne, Giggìne.**

**luneddù:** lunedi.

**lupùine:** legume commestibile.

**lupùine:** durone, ispessimento della pelle.

**Lunàrde:** Soprannome.

**Luffìtte:** Soprannome.

# M

**ma** (a.p.): mia; viene usato nel dialetto bussese solo con i sostantivi di parentela;

**mòjjema**; mia moglie; **sòrma**; mia sorella; **nepòtema**; mia nipote.

**ma**: come forma verbale; **ma che ttè pòzze fa!**; ma che cosa ti posso fare!

**maccaràune**: termine usato per apostrofare una persona poco svelta.

**maccarìune**: maccheroni.

**Maccarunìjje**: Soprannome.

**macèjje**: macelleria.

**macèjje**: termine usato per identificare un grave disastro; **dòpe è succèsse nu macèjje!**

**magàre**: magari, vivo desiderio; **te pijacèsse jì ddù jòrre a jù màre!; magàre!**

**Macchjèune**: Soprannome.

**macchjèune**: folta vegetazione.

**macèra**: punto di raccolta di pietre nelle campagne.

**màchena**: automobile; **sa cumbràte la màchena 'ngnòva**; ha comperato una nuova macchina.

**macinìjje**: per indicare una pietra di media grandezza; **sànne scatastàte ddù macinìjje da ju mure.**

**macinìjje**: macinino da caffè.

**Madòsca**: esclamazione per "Madonna"; **la Madòsca!**

**Maddònna**: zona collinosa ricca di vigneti.

**maddònne**: papaveri.

**màdeche**: medico.

**Madunnàlla**: contrada bussese; **se ttù te ù truà na fìjja bbèlla, jì dà jì à ppasseggìa a lla madunnèlla, che l'òjje 'ngòccia e che jù mùsse rùsce, che bèlla giuvendù che cci stà bbùsce…**

**màfia**: termine per indicare chi sfoggia abbigliamento di lusso; **come ci refè na màfia che ssù capputtìje 'ngnòve!**

**màgge**: maggio.

**magnadàura**: zona della stalla dove si alimentano gli animali.

**magnaùffa**: chi mangia senza lavorare.

**magnatòria**: per indicare quegli uffici dove c'è poca chiarezza sul lavoro.

**magnè**: mangiare; **jème a mmagnè**; andiamo a mangiare.

**magnèddòrme**: persona poltrona con pochi stimoli.

**magnète**: per dire dopo pranzo; **dòpe magnète scème e se vedème a jù bbàrre**; dopo mangiato usciamo e ci vediamo al bar.

**màlva**: malva medicamentosa.

**mammalùcca**: persona inetta.

**mambrùcca**: motocicletta.

**màle:** dolore in generale; **che tte fa màle?**

**mànghe:** neanche, neppure; **nne mbòzza capetà mànghe a jì chène**; non possa capitare neanche ai cani.

**manijèta:** per dire una manciata; **pijjàne na manijèta!**; prendine una manciata.

**mànna:** mandare avanti; **mànname quìsse che ssà rròbba.**

**mannàggia:** imprecazione; **mannàggia la mesèria!**

**mandacìtte:** soffietto per il fuoco.

**manère:** mestolo in rame per attingere acqua dalla conca.

**mandemàne:** questa mattina; **mandemàne so fàtte na bèlla culazijèune**; questa mattina ho fatto una bella colazione.

**mandellìna:** mantello di lana a ruota.

**mandùile:** tovaglia da pranzo; **mìtte ssù mandùile che magnème!**; metti la tovaglia che si mangia!

**marràcce:** fare uno sbaglio di grosse proporzioni.

**maneppègge:** martello per muratori.

**manòjere:** mestolo di rame usato per attingere l'acqua dalla conca.

**manòppele:** covone di spighe di grano.

**manuppelàra:** zona di raccolta dei covoni "aia".

**manùbbje:** manubrio della bici, moto ecc..

**Marcabbòmba:** Soprannome.

**marcureddù:** mercoledì.

**marràune:** commettere una grossa sciocchezza.

**marpijèune:** individuo furbo; **quìsse è nu marpijèune pe' sse càuse!**; quello è una persona furba per certe cose.

**marijattàune:** per dire un bel gatto.

**Marijètta:** Maria.

**marteddù:** martedì.

**martenìcchja:** freno o tirante dei carri; **tìra ssà martenìcchja.**

**marze:** marzo.

**màtte:** impiegare, sbricarsi; **ci màtte nu menùte a ffà ssà pièca a lle càuze.**

**matàune:** mattone.

**mataràzze:** materasso.

**Massàre:** Soprannome.

**mascàgna:** portare i capelli tirati indietro; **còme ti refàtte na mascàgna!**

**massalìtte:** blocco di pietra combatto.

**masciòcchele:** copertura momentanea del copertone consumato.

**màssa:** madia per impastare il pane.

**massòira:** questa sera.

**massarùjja:** casa rurale, masseria.

**màscare:** persona sfigurata; **scì nu màscare, che ttè succèsse!**

**màschera:** maschera.

**màstece:** mastice.

**matèria:** argomento, contenuto.

**matèria:** pus, processo infettivo.

**materiàle:** persona manesca.

**materiàle:** materiale generico da lavoro.

**matunàlla:** mattonella.

**matunìjje:** per dire un pezzo di mattone.

**mattùcce:** piccolo mazzo; **so fàtte nu mattùcce d'aspàraci!**

**mazzafiònna:** fionda.

**mazzijèta:** picchiato, bastonato.

**mazzòcca:** pannocchia di granturco.

**mazzuccàune:** tipo di mattone doppio.

**'mbàcche:** imbacchi di; **tànghe nu pùsse a jì dènde…fàcce ddù 'mbàcche de màlva!**

**'mbàccia:** in faccia; **jì le càuse te le dùice 'mbàccia!;** io i problemi te li dico in faccia.

**'mbàccia:** concesso, dato per riconoscimento; **la casa me la mìssa 'mbàccia;** la casa mi è stata donata tramite notaio.

**'mbàla:** impalare.

**'mbalà:** palare la vigna, pomodori; **me so 'mbalàte ddù fùile de pummadàure;**

**'mbappenàte:** confondersi.

**'mbapucchjète:** essere raggirato; **j'ànne 'mbapucchjète e ccuscì è remaste frecàte!**

**'mbarà:** imparare; **'mbàrate ssà storia ca demàne te chiamane!** (ti interrogano).

**'mbasciàta:** persona incaricata di… **fàmme ssà 'mbasciàta a jù cummùne!**

**'mbasticcè:** fare dolci.

**'mbastijjète:** termine bussese per dire; **so fàtte jù bbaccalàne 'mbastijjète;** fare il baccalà in pastella.

**'mbataccàte:** sporco di olio, grasso ecc…;

**'mbattàte:** pareggiare una partita.

**'mbazzemìnde:** fastidio; **è nu 'mbazzemìnde a rrecapà ssà matassa de lana.**

**'mbattùte:** incontrare qualcuno all'improvviso,imbattersi per caso.

**'mbè:** ebbene; **'mbè mo che vvì?;** ebbene, ora cosa vuoi?

**'mbelacàte:** cacciarsi nei pasticci; **me sò jte a 'mbelacà che Ggiuànne e sò remaste frecàte!;** mi sono andato ad impelagare con Giovanni e sono rimasto buggerato.

**'mbeccàte:** impiccato; **se 'mbeccàte che lla fùne.**

**'mbeccàte:** sospeso per qualche affare; **à spùise de cchjì de cole che pputèva.**

**'mbelliccète:** rendere più bello, impellicciarsi; **còme ti rembelliccète! à 'ndì da jì?**

**'mbellicciatùra:** riordinare un mobile di legno.

**'mberchettàta:** piatto caratteristico bussese.

**'mbestàte:** lasciare odori sgradevoli; **che còla cipòlla à 'mbestàte tùtta la càsa.**

**'mbettàta:** parte della salita più ripida; **la 'mbettàta de jù Canùcce.**

**'mbiastrà:** sporcare, impasticciare; **nne 'mme 'mbiastrà ssà cucina!**

**'mbiàstre:** persona spregevole; **ssù 'mbiàstre che vvò?**

**'mbìcce:** per indicare degli oggetti sparpagliati; **recùjje ssì 'mbìcce.**

**'mbiccè:** ostacolare, togliersi; **nne 'mme 'mbiccè ca tànghe da fa!**

**'mbiccè:** intromettersi, ficcare il naso; **ma che te vè 'mbiccènne;** ma che ti ficchi il naso!

**'mbiccète:** aggrovigliato, intrecciarsi; **me so 'mbiccète tra na fràtta.**

**'mbicìlle:** imbecille.

**'mbicciùse:** chi si interessa dei fatti altrui.

**'mbignète:** impegnarsi; **mo me so 'mbignète che Lunàrde!**

**'mbizze - 'mbizze:** stare al margine/estremità; **stève ascìse 'mbizze 'mbizze;** ero seduto all'estremità.

**'mbòlla:** vescica, bollicina sulla pelle.

**'mbracà:** imbracare.

**'mbràcce:** reggere, trattenere tra le braccia; **mìttete 'mbràcce ssà criatùra.**

**mbràlla:** ombrello; **pìjja jù mbràlla che pjòve!**

**'mbranàte:** persona impacciata.

**'mbrenàta:** ingravidare; **nne lle sé…, la fìjja de Zà Rusìna l'ànne 'mbrenàta;** non lo sai ? la figlia di zia Rosina è incinta!.

**'mbriacàte:** ubriacato; **se 'mbriacàte a lla candùina de Muschìtte!.**

**'mbriachèune:** nel senso dispregiativo, ubriacone; **ssù 'mbriachèune.**

**'mbrièche:** ubriaco; **'ngnì vùide che 'mbrièche!**; non lo vedi che è ubriaco!

**'mbrelluccàta:** donna ingioiellata.

**'mbrestàte:** imprestare; **ma che vè pe' pàne 'mbrèstete!**

**'mbrufumàte:** improfumarsi.

**'mbrujjète:** imbrogliato; **me so 'mbrujjète a cundà.**

**'mbrujjèune:** imbriglione.

**'mbùise-scìmbùise:** che ti possono; **che scìmbùise… chi cumbenàta!**

**'mbumbù:** termine usato per i bambini per farli bere

**'mbuttùita:** coperta imbottita.

**'mbullenàte:** impollinare.

**'mbùnne:** bagnare; **'mbùnne le pàne a jù suche.**

**'mburvelà:** alzare la polvere; **stè 'mburvelà tùtte.**

**'mbustàte:** camminata retta, decisa; **còme camùina 'mbustàte.**

**'mbustàte:** rimanere fermo; **mo ti 'mbustàte…jàmme!**

**'mbùzze:** (v.intr.) potere; avere la facoltà, la possibilità, la capacità; **che nne 'mbùzze rendrà a lla càsa;** che non possa avere la possibilità di rientrare a casa .

**'mbuzzunùita:** marcito; **ssà carne se 'mbuzzunùita.**

**'mbuzzunùite:** puzzolente, rivolto al ragazzo; **quìsse è nu 'mbuzzunùite.**

**me:** (pron.); me, a me; **me ne so scurdàte; me ne vàjje;**

**me:**(agg.poss.) mio; quando viene usato con sostantivi di parentela, diventa; **pàtreme,** mio padre; **sòrema,** mia sorella; **fràteme,**mio fratello; **marìteme,** mio marito.

**Meàzza:** Soprannome

**Mecchèle:** Micchele.

**Mecchelìna:** (f.) Michelina.

**Meccòtta:** Soprannome.

**medecà:** medicare una ferita.

**medòlle:** midollo.

**melangùla:** cetriolo.

**melàune:** melone.

**Menànze:** Venenzio.

**Menanzìjje:** dim: e Soprannome.

**mendàune:** montone.

**mendàune:** persona cocciuta.

**mecchelùse:** moccioso.

**Menecaròsa:** Soprannome.

**mène:** mano, aiutarsi; **dàmme na mène a zappà; dàmme na mène a spustà ssù carrìtte.**

**mène:** mani; **allònga le mène;** allunga le mani.

**mène:** di meno;**me ni dàte de mène;** me ne hai dato di meno.

**menùte:** minuto; **ci màtte nu menùte.**

**menùte:** arrivato, venire; **quànde sète menùte!**

**mèndre:** nel frattempo, mentre.

**meràcule:** miracolo.

**merecàne:** colui che spende, **staffà jà merecàne!**

**merijègne:** vari tipi di dolciumi messi insieme.

**messàle:** libro liturgico dove sono tutte le messe.

**mestecànza:** insalata mista.

**mesùra:** misura.

**metetùra:** mietitura.

**metràta:** circa un metro.

**Metrùcce:** Soprannome.

**Mezzàune:** Soprannome.

**mezzecàune:** mozzicone di sigaretta.

**mezzijòrre:** mezzogiorno; **à sunàte mezzijòrre.**

**mezzìtte:** misura usata nei tempi passati, per indicare circa mezzo etto.

**Mezzanotte:** Soprannome.

**micragnìuse:** taccagno, tirchio.

**Mìddje:** Emidio/dim. **Meddijùcce.**

**mignàtta:** sanguisuga.

**mignàtta:** per indicare quelle persone attaccaticce.

**mignòtta:** si dice per quelle persone scaltre, furbe; **quìsse è nu fìjje de na mignòtta.**

**Mijjichèlla:** Soprannome.

**mijjìca:** mollica.

**mijjìcure:** ombelico.

**mijjàra:** migliaia, quantità imprecisa; **n' èvane na mijjàra a jù cumìzie.**

**mìscemìsce:** richiamo del gatto.

**miscèlla:** gattina.

**miscìjje:** ricetto.

**Miscìjje:** Soprannome.

**Mìttemìtte:** (n.p.) Soprannome.

**mmacinà:** macinare, caffè, pepe ecc…; **sa da jì a mmacinà le ràne turche.**

**Mmaculàta:** (n.p.) Immacolata.

**Mmaculàta Cungizzijèune:** Ss.Immacolata Concezione.

**mmaculàta:** località del fiume Tirino.

**mmaccurà:** rattristarsi dopo una brutta notizia; **nne mma ccurà che sse bbrùtte nùtìzje.**

**mmalamànde:** persona poco affidabile; **quìsse è mmalamànde!**

**mmalaugùrje:** malaugurio.

**mmalecavàte:** riferito a qualcosa di negativo; **è ccùrte e mmalecavàte.**

**mmaledìtte:** maledire; **puzzàsse mmaledìtte!**

**mmaledùice:** imprecazione; **mo nne 'nde fa mmaledùice.**

**mmalefàtte:** per ricordare una cattiva azione; **c' ulème recurdà le mmalefàtte, è mmèjje che se stème zìtte.**

**mmalesèmbje:** cattivo riferimento; **se ffè ccuscì, de nu mmalesèmbje a jì fijjì.**

**mmalettrattàte:** maltrattare una persona; **j' ànne mmalettrattàte come nu càne.**

**mmalevascìa:** malvasia (uva).

**mmalevèrse:** fare versacci.

**mmalevulù:** non farsi voler male da altri; **mo, ciàrca de 'nde fà mmalevulù da jù vicinàte.**

**mmalòcchje:** malocchio.

**mmammòcce:** pupazzo; **ma uàrda stù mmammòcce che mma cumbenàte!**

**mmangamànde:** mancanza momentanea dei riflessi; **nne 'nnènde, è stàte na mmangamànde.**

**mmannèla:** mandorla (pianta).

**mmannelìjje:** primo frutto acre,commestibile, dopo la fioritura; **jèmese a ccòjje ddù mmannelìjje.**

**mmartàjje:** martello.

**mmascicà:** masticare; **che te stè a mmascicà?.**

**Mmastàre:** Soprannome.

**mmastàre:** artigiano che realizza sellame; bastaio.

**'mmarramà:** fare e non fare qualcosa

**mmastaràjje:** figlio del bastaio.

**mmàste:** basto,sella.

**mmastrecà:** armeggiare,trafficare.

**mmastetùra:** cucitura provvisoria del vestito; **sànne da rabbàtte sse mmastetùra a ju vestùite.**

**mmàte:** mietere; **demàne se nna bbèlla jurnàta, se v' à mmàte.**

**mmatùina:** mattina; **demàne mmatùina se pàrte a na bbonòra.**

**màzze:** in mezzo,tra; **che ccì stà mmàzze a lle pàne?.**

**mmazzìtte:** gioco con le carte (montino).

**mmediìuse:** invidioso; **è mmediìuse de còle che ssò rescìte a ffà.**

**mmèjje:** meglio; **è mmèjje che te stè zìtte**; è meglio che stai zitto; è abbastanza comune sentire nel dialetto il rafforzativo; **è cchjù mmàjje accuscì!**; è meglio così.

**mmèjje:** nel senso di migliore; **sò mmèjje quàste;** queste sono migliori.

**mmenà:** picchiare; **j' ànne ammenàte a lla madunnàlla**; è stato picchiato alla "madunnàlla"; riuone bussese.

**mmestecà:** mescolare,rigirare.

**mmesùra:** realizzato a misura; **me so fàtte nu vestùite a mmesùra;** mi sono fatto un vestito su misura.

**mmesurà:** misurare, prendere le misure; **pijjème sse mesùre!**; prendiamo quelle misure.

**mmischjè:** mischiare; **nne mmischjè le chèrte!.**

**mmòcca:** in bocca; **mìtte mmòcca;** metti in bocca.

**mmòcca:** dinanzi; **ji làsse mmòcca lla pòrta;** lo lascio dinanzi a lla porta.

**mmògne:** mungere; **Ggiuà, sànne da jì a mmògne còle vacche!;** Giovanni, si devono mungere quelle vacche.

**mmòrra:** giuoco antichissimo, impiegato, secondo costume, con la sveltezza delle dita.

**mmùlabbòna:** giuoco da ragazzi; saltare su un compagno piegato a sella.

**mmùsce:** floscio,moscio,fiacco.

**mmuscinà:** rovistare, mescolare.

**mmùste:** mosto,frutto ricavato dalle uve pigiate.

**mmustecòtte:** mosto bollito e fermentato.

**mmustùra:** lucido per le scarpe.

**mmuttànna:** impasto di acqua e farina.

**'mmuttije;** imbuto

**mò:** (avv.) ora,adesso; **mò vànghe**; ora vengo; **mò a 'ndà vè**; ora dove vai.

**mòjje:** moglie; **la mòjje d' Armànde stà ccubrà jù pèsce.**

**mòjje:** mio; **so lle mòjje;** sono le mie.

**mòila:** mele.

**mòmò:** un momento fa; **momò se né jta.**

**mòneca:** suora.

**mòrgia:** pietra di media dimensione.

**mòrra:** per indicare un gregge di pecore.

**mòve:** muovere.

**mònna:** pulire con la scopa;

**mònna ssà stanza**; scopa quella stanza.

**munnà:** pulire dopo; **dòpe dà na munnàta a ssà stanza**; dopo dai una pulita a quella stanza.

**mùcche:** per indicare, bocca e viso; **còme tà nu bbèjje mùcche.**

**mùcchele:** muco nasale.

**mucugnè:** mugugnare sotto sotto.

**muccère:** fazzoletto.

**mucchjtte:** piccolo cumulo.

**muccicà:** mozzicare, morso.

**muccicàune:** dare un bel morso.

**Muccichèune:** Soprannome.

**mùjje:** mulo.

**mùjje:** vocabolo usato per indicare un figlio non riconosciuto; **quìsse è nu fìjje de mùjje.**

**muìne:** mulino.

**mulenàre:** mugnaio.

**mulìtte:** (vedi) **mùjje.**

**mugnitùra:** mungitura.

**mumànde:** un attimo, un momento; **aspàtta nu mumànde.**

**Mungiàcca:** Soprannome.

**mungiaccàune:** chi cammina lentamente.

**mundàgna:** montagna.

**munnàzza:** immondizia.

**mùnne:**mondo.

**Munnulàune:** Soprannome.

**muràjja:** muraglia, muro esterno.

**murajjèune:** grossa muraglia di sostegno.

**murmurà:** fare critiche non palese; **còla è stàta murmuràta che Minginzìne!**; quella è stata criticata ( insieme al…) con Vincenzino.

**murtàle:** mortaio, utensile da cucina; **pìsta nu 'nzìgne de pòipe che ssù murtàle.**

**murtàle:** usato in bussese anche per dire; **pùzza de peccate murtàle.**

**murtòrje:** ambiente triste; **che murtòrje.**

**murzellìtte:** dolce bussese.

**moscerìa:** mancanza di vivacità.

**Muschìtte:** Soprannome.

**muschìtte:** moscerini che girano nelle osterie.

**mùsse:** muso.

**mustècce:** baffi; **còme tà ddù mustècce!.**

**mutànne:** mutande.

**mùtte:** chi non rivolge la parola a qualcuno; **'nde fàcce mùtte**

pe' ccòle chì fàtte a Ddemìneche.

**muzzàte:** troncato.

**muzzìtte:** piccola misura bussese.

**Muzzunàlla:** Soprannome.

# N

**'n;** (prep)**:** in; "**in**" davanti al complemento di "moto a luogo" e "stato in luogo" perde la "**i**" prendendo a sua volta l'apostrofo; vediamo come: in cima/ **'ngìma**; in casa/ **'ngàsa**; in fronte/ **'nfrònde**; in cielo/ **'ngèle**; in terra, o per terra/ **'ndàrra**. **'Ngìma a lla mundàgna à fàtte la nàve!**; sulla cima della montagna c'è la neve; **tànghe le pàne fàtte 'ngàsa**; ho il pane casereccio (fatto in casa).

**'nabbìsse:** in lontananza, molto lontano; **ci pàssa 'nabbìsse 'mbàse a còle chè mmì dìtte!**; siamo molto lontani rispetto a quello pattuito.

**'nnabbessàte:** scomparso nell'acqua.

**'nnacquanùite:** allungare con acqua.

**'nnametàte:** inamitato.

**'nnammòlle:** ammollo; **mìtte 'nnammòlle jù bbaccalàne**.

**'nnammuràte:** innamorato.

**'nammàtte:** non riconoscere la verità; **'nnammàtte mànghe se ccì**

càla jù **Patretèrne**; non lo vuole riconoscere, neanche davanti a Dio.

**nàngue:** nevica; **come nàngue!**; come nevica!

**nardechèlla:** stoffa ruvida.

**napuletàna:** pizza.

**napuletàna:** accusare buongioco a tresette; asso, due e tre a colori.

**'nnascònne:** (v.) **annascònne**.

**nàssela:** nassa, tipo di rete da pesca; **so mìsse ddù nàssele a ju fijùme**.

**na natàta:** fare una nuotata; **me so fàtte na natàta a jù màre!**

**natà:** nuotare; **ème jte à 'nnatà a lla Cunarànnela**.

**Natecàune:** Soprannome.

**nàuce:** noce.

**La Nàve:** Soprannome.

**nàve:** neve; **la nàve è calàta a Cullupètre!**; la neve è scesa a Collepitro.

**nàve:** nave, imbarcazione; **ème da pijjè la nàve a Pescàra!**; dobbiamo prendere la nave a Pescara.

**naccènne:** fare un cenno, avvertimento.**Fàmme 'naccènne**

**'nnammànde:** tenere in  mente, ricordarsi.**Tu tè 'nnammànde.**

**Nazzarrìtte**: Soprannome.

**'ndàcca:** fare un segno.

**'ndànne:** chi se ne intende; **mo le fàcce jì che mme ne 'ndànne**; ora lo faccio io che lo so fare.

**'ndartacùle:** famiglia delle rosacee.

**'ndartàjja:** balbuziente.

**'nderàte:** teso, dritto; **tènejì 'nderàte ssù file!;** tienilo teso quel filo.

**'nderèssa:** interessare; **ssù fàtte me 'nderèssa**; quel fatto mi interessa.

**'ndesecùite:** persona malaticcia.

**'ndevùina:** indovinare; **'ndevùina che tte so repurtàte?.** Indovina che cosa ti ho riportato?

**'ndignète:** intestardirsi su qualcosa.

**'ndìcchja:** un poco; **dàmmene na 'ndìcchja.**

**'ndindalò:** in basso, in alto, altalena.

**'Ndònje:** (n.p.) Antonio/ dim.**Tonìne, 'Ndùnijùcce, Ninùcce.**

**'Ndunijètta:** (n.p.f.) Antonietta/**'Dunètta, 'Ndunìna, 'Ndunèlla.**

**'ndraccòtte:** sbollentare.

**'ndramànze:** mentre, nel frattempo; **'ndramànze vòlle l'àcqua, tu prepàra le sagnaràlle.** mentre bolle l'acqua, tu prepara la pasta.

**'ndramàtte:** impicciarsi, intromettersi; **nne 'nde 'ndramàtte, ca tù nne 'ngìndre nènde**; non ti impicciare che tu non c'entri niente.

**'ndramànde:** mentre, nel frattempo; **'ndramànde prepàre ji pijètte, tu prepàra ju taulùine;** mentre io preparo i piatti, tu apparecchia il tavolo.

**'ndrecà:** darsi da fare per imbrogliare.

**'ndreppàte:** fare una scorpacciata.

**'ndriccète**: aggrovigliarsi - intrecciarsi; **me so 'ndriccète tra la fràtta.**

**'ndruppecàte:** inciampare.

**'ndruùlàte:** intorbidito; **se rendruùlate le vùjne;** si è intorbidito il vino.

**'ndufàte:** poco socievole.

**'ndùise:** per sentito dire da altri; **so 'ndùise dùice che ssè mmòrte.**

**'ndujjète:** indolenzito; **me sànde tùtte 'ndujjète dòpe còla cascàta.**

**'ndurtàte:** messo di traverso; **me sé 'ndurtàte 'mbàtte nu pèzze de pàne.**

**'ndurtà:** ridare sostanza alla botte; **so stàte a rrendùrtà la vòtte.**

**'ndustàte:** indurito.

**'nfandijjòla:** chi non trova quiete, pace; **te pòzza pijjè na 'nfandijjòla.**

**'nganàta:** fare un duro rimprovero.

**'ngacchjatùra:** altezza del cavallo dei calzoni.

**'ngacchjatùra:** vocabolo bussese per indicare il punto dove si dividono i rami di una pianta; **se ròtta a lla 'ngacchjatùra.**

**'ngàcche:** per dire in qualche parte.

**'negguànna:** nevicata in arrivo.

**'ngalecàte:** pressare, riempire con forza.

**'ngapàzza:** incavezzare il cavallo.

**'ngappàte:** preso sul fatto; **stavòta te so 'ngappàte!**

**'ngapputtàte:** vestirsi pesante per il freddo.

**'ngàsa:** in casa.

**'ngarecàte:** prendere un incarico.

**'ngarugnìte:** persona intestardita.

**'ngazzàte:** arrabbiato.

**'nglecchàta:** bere a piccoli sorsi; **a fàmme fa na 'ngleccàta a ssà bbuttìjja.**

**'nghiappettàte:** essere incastrato.

**'nghelòcce:** oggetto lesionato; **sòna 'nghelòcce.**

**'nghjuà:** inchiodare.

**'ngiambàte:** inciampare

**'ngiànne:** dolore formale; **me 'ngiànne la ferùita.**

**'ngicalùite:** perdere le staffe.

**'ngignère:** ingegnere.

**'ngilappò:** non riuscire a sopraffare l'altro; **che quìsse 'ngilappò nisciune.**

**'ngìma:** in cima, sopra.

**'nginerùite:** vocabolo particolare bussese per dire: l'ho incenerito con lo sguardo; **jè bbastàte nu sguàrde che ji so 'nginerùite.**

**'nginucchjète:** inginocchiato.

**'ngiuccàte:** per indicare una persona ubriaca.

**'ngluttùite:** ingoiare, inghiottire.

**'Ngnagnìtte:** Soprannome.

**'ngòjje:** portare sulle spalle.

**'ngòlla:** incollare.

**'ngòndre:** andare in contro; **scèmeji 'ngòndre.**

**'ngòrda:** tegame al forno con salse di carne.

**ngòtte:** arrossato al sole.

**nepàute:** nipote.

**'ngràuce:** in Croce; **GgesùCriste è mmòrte 'ngràuce.**

**'ngrellàte:** dritto, in verticale.

**'ngredànza:** prendere a credito.

**'ngriccète:** arricciato/a.

**'ngròppa:** salire a cavallo.

**'nguastùite:** alterarsi furiosamente; **sèva 'nguastùite come nu cane.**

**'ngrufàte:** imbronciato, accigliato.

**'ngrucète:** incrociare una persona per strada.

**'nguculàte:** raccolto a gomitolo.

**'nguccè:** insistere; **mo nne 'nguccè còme se fa tù.**

**'ngullàte:** trasportato un peso sulle spalle; **me so 'ngullàte nu sàcche de farùina.**

**'ngunàjja:** l'inguine.

**'nguppàte:** ricoperto.

**'ngùrde:** bramoso, avido, ingordo.

**'ngùstija:** agitato, inquieto; **còme re tà na 'ngùstija ssù cìtere.**

**'ngùtena:** incudine.

**'nfàlle:** sbagliare, mancare;**so mìsse nu pàde 'nfàlle.**

**'nfangàte:** infangato.

**'nfelàte:** correre dietro; **me sé 'nfelàte appràsse jù càne.**

**'nfelàte:** infilare il filo a l'ago.

**'nferrijèta:** recinto in ferro.

**'nfòca:** alimentare il fuoco,infocare.

**'nfruscète:** strisciare, scontrarre con un mezzo.

**'nfucàte:** far scappare.

**'nfumàte:** scaldato, arrabbiato.

**'nfurtùjte:** prendere di sapore forte, sgradevole; **sse saucìcce se so 'nfurtùjte.**

**'ngningùite:** infreddolito, morto di freddo; **sème morte de frìdde a lla mundàgna.**

**nennà:** non è; **nennà còme dùice tù.**

**nevò:** ma guarda un po'.

**nnèllevòire:** non è vero.

**nnemùiche:** nemico; **mo te jì fàtte 'nnemùiche.**

**'nnestà:** innestare, fare innesti a delle piante.

**nniscìune:** nessuno; **ne lle sò dìtte a 'nniscìune.**

**nnìzza; (zzère):** giuoco fatto da ragazzi con un bastoncino corto appuntito ai lati ed uno di media grandezza, impugnato, veniva usato per colpirlo al volo.

**nnòcca:** fiocco col nastro.

**nòcchje**: nocche, ossa delle dita  (metacarpo).

**nòra:** nuora.

**nuàmmere:** novembre.

**nùcce:** seme, nocciolo.

**nùde:** nudo.

**'nunzìgne:** un poco.

**'nnìvia:** indivia.

**nummenàta:** avere una cattiva fama.

**nùvele:** nuvole.

**nuùluse:** nuvoloso: **vòjje jù cèle è nuùluse.**

**nùire:** nero.

**'nzàcca:** insaccare, riempire; **'nzàcca ssù sàcche!**; riempi quel sacco.

**'nzaccà:** nel dialetto bussese viene usato per dire (mettere sotto); **attànde a 'nde fa 'nzaccà sotte da le màchene.**

**'nzalàta:** insalata.

**'nzàmbra:** insieme; **se m'aspètte, rijème 'nzàmbra a lla casa.**

**'nzardà:** azzardare.

**'nzarzalàte:** per dire tutto sporco, unto.

**'nzàrra:** chiudere a chiave; **'nzàrra ssà pòrta!**

**'nzeppàte:** riempire fino all'orlo.

**'nzàgname:** insegnami; **'nzagnàme a 'ndà fànne ddù ricèlle.**

**'nzìgne:** poco; **che mme ne dè nù 'nzìgne!**

**'nzignè:** indicare.

**'nzevùite:** lordato, insudiciato.

**'nzulfà:** insinuare, sospetto, parole vaghe verso qualcuno.

**'nzulfanà:** pompare il ramato nelle vigne.

**'nzuldàte:** offeso, insultato; **ma 'nzuldàte pe' pprìma, e cche vvì che mme stèva zitte'**; lui, mi ha offeso per primo, cosa vuoi che restassi zitto!

**'nzùlde:** vocabolo bussese per dire ( paralisi); **te pòzza pijjè nu 'nzùlde!.**

**nzùnza:** un modo di dire bussese per indicare l'acqua.

**'nzùine:** tenere sulle ginocchia, in grembo.

**'nzuppà:** bagnare il pane, inzuppare; **'nzùppa le pàne a jù sùche.**

**'nzuppà:** modo di dire di chi vuole essere troppo curioso; **mo te cì stè à 'nzuppà le pàne che quìsse.**

**'nzuppàte:** bagnato fradicio; **ma cuppàte l'àcqua, me so 'nzuppàte fràciche.**

**'nzurchjè:** rumoreggiare bevendo il brodo.


# O

**Occhjipìnde:** Soprannome.

**òlme:** olmo; pianta molto conosciuta nell'ambiente bussese; **se vedème sòtte j' òlme.**

**òlme:** un modo di dire nella passatella; **m'ànne fàtte òlme!**; sono rimasto senza bere.

**òme:** uomo; **s'òme che vvò!**

**òpera:** opera teatrale.

**òpera:** prestazione di fatto; **à fàtte n' òpera pìa!**

**òrape:** pianta commestibile molto ricercata per condire le sagnette con le uova.

**ògna:** l'unghia delle mani e piedi; **jì che quìsse nne 'mme ci càgne mànghe l'ògna de ji pède!**

**oppuramànde:** oppure.

**òrgane:** organo, harmonium.

**òrgane:** vocabolo usato per apostrofare una persona; **te ròmbe j'òrgane de jù cùle.**

**òrte:** (j'òrte); orticello dietro casa.

**ottàmmere:** ottobre.

**P**

**pàcca:** per indicare la mano nel giuoco delle carte; **la pàcca a mmù!**

**pàcca:** saluto confidenziale sulla spalla; **ma dàte na pàcca sòpra le spàlle.**

**pàce:** pace; **facème la pàce.**

**pàce:** pari; **mo stème pàce.**

**pacènzia:** pazienza.

**pàcura:** pecora.

**paccùte:** spesso; **ci vò nu spàche paccùte.**

**pàde:** piede.

**padùra:** terreno ubicato lungo le sponde del fiume Tirino.

**paisàne:** del paese, paesano.

**paisìtte:** piccolo paese.

**pàja:** paga, salario, stipendio

**pajà:** pagare; **mi devono pagare il mese.**

**pàjja:** paglia.

**pajjàcce:** buffone da circo.

**pajjàcce:** viene detto anche a quelle persone poco serie; **quìsse è nu pajjàcce.**

**pajjaccìtte:** vestitino con mutandine e corpetto uniti.

**pajjarìcce:** pagliericcio, saccone.

**pajjère:** fienile, locale situato sopra la stalla.

**pajjùca:** fuscello di paglia.

**pajjìuca:** vocabolo poco usato nel linguaggio bussese; pagliuca.

**pallàune:** pallone in gomma.

**palàtta:** piccola paletta in ferro usata nei camini.

**pallètte:** pillole, pasticche.

**pallandìjje:** sassolini di media grandezza.

**pàlche:** palco da teatro o per bande musicali.

**pàlle:** testicoli.

**pàlle:** vocabolo usato anche per quelle persone che danno fastidio; **nne mme ròmbe le pàllè!**

**pallettòne:** cappotto.

**pallòcca:** palla di neve.

**palòmma:** per indicare la pupazza di Pasqua.

**palòmma:** vocabolo usato per quelle ragazze prosperose; **a 'ndà va ssà palòmma!**

**le Pàlme:** domenica delle Palme.

**pàlme:** rami d'ulivo.

**pàlme:** palmo (per indicare una misura); **è llùnghe còme nu pàlme de la mène.**

**pàlme:** faccia interna della mano (palmo).

**palluzzàune:** viene detto a color o che hanno gli occhi sporgenti.

**pàmbene:** foglie palmate delle viti (pampino).

**pandàne:** fango, pantano

**pandòfele:** pantofole.

**pànne:** pendere, pensolare; **uàrda còme pànne!**

**pàne:** pane.

**panònda:** pane unto nel grasso del maiale; si usa dire;**" facème la panònda"** la sera di**"Sadàndònje"**

**panògne:** intingere il pane nel sugo.

**Pangiunìtte:** Soprannome.

**paòne:** pavone.

**papàmmere:** fiore (rosso) del rosolaccio che troviamo in mezzo ai campi di grano.

**Papìtte:** Soprannome.

**papòcchje:** persona senza polso.

**pappòcchja:** minestra scotta.

**pàra:** bloccare, fermare; **pàra chìsse sennà lìtecane!**

**paracchijèta:** modo di dire, menare con il bastone.

**parànde:** della famiglia; **e jù parànde de chìsse de Tebblù.**

**paraòcchje:** espressione usata per coloro che non vogliono vedere la realtà; **ma che ttè ji paraòcchje!**

**Parascèune:** Soprannome.

**parascèune:** bastone.

**paravànde:** personaggio scaltro.

**pàre:** pari, uguale; **so ppàre a ttù**; sono uguale a te.

**pàre:** sembra; **me pàre che tte le sò redàte!**; mi sembra di avertele ridate.

**pàre:** paio; **me so cumbràte nu pàre de scarpe de camòsce**; ho comperato un paio di scarpe di camoscio.

**pàre:** Bastone; **fìcca ssù pàre a lla vigna.**

**parlàta:** modo di parlare.

**pàrteca:** asta per appendere le salsicce.

**parnènza:** grembiule da cucina.

**partuàlle:** arancia.

**pàrzeca:** pesca.

**pàssame:** allungare, dare in mano; **pàssame ssà bbuttìjja.**

**pàssapummadàura:** recipiente da cucina usato per pressare i pomodori per averne il sugo.

**passarìtte:** passerotto, uccello.

**passatùre:** colino.

**ppàsce:** pascolare il gregge; **ma và ppàsce le pàcura!**

**pàscja:** trota; **vòjje so pijjète na bèlla pàscja.**

**pascjunàta:** bastonata; **se 'ndè ne vè te dànghe na pascjunàta.**

**pàsema:** affanno.

**Passijèune:** passione di Gesù.

**Pàsqua:** Pasqua di Resurrezione.

**Pasquàtta:** lunedì dell'Angelo.

**Pasquàle:** (n.p.) Pasquale/ dim. **Pasqualìne;** (f.) **Pasqualìna, Pasquìna.**

**pàstene:** parlare di una vigna giovane di pochi anni.

**pastròcchje:** combinare un guaio.

**Patròne:** Soprannome.

**Patanìjje:** Soprannome.

**patàna:** patata.

**patanàlle:** patate di media grandezza; **pìjja ddù patanàlle pe' ffà la 'ngòrda.**

**patanìjje:** residuo di patate usate per la brodaglia del maiale.

**patanàre:** campagnolo.

**pàtte:** fare un accordo; **facème nu pàtte.**

**pàtte:** petto.

**patràune:** padrone.

**pàtre:** padre

**pàtreme:** mio padre.

**pàtrete:** tuo padre.

**PàtreNòstre:** preghiera (Pater Noster).

**patrunàle:** riferito a terreni, poderi personali; **ssà tàrra è patrunàle.**

**pàuce:** pulce.

**pàzza:** pezzati stoffa.

**pàzza:** intercalare bussese usato per dire: **mo mìttece na pàzza!**

**pazzacchjèune:** persona allegra, pazzerellona.

**pàzze:** pazzia.

**Pazzìtte:** Soprannome.

**pazzijaràjje:** giocattolo; **Andrè, te so cumbràte nu pazzijaràjje.**

**pazzòteche:** persona lunatica, strana.

**pazzùjja:** giuoco infantile, scherzo.

**Pe'** (prep.): per; la preposizione **pe'** va scritta sempre con l'apostrofo e raddoppia sempre la consonante iniziale della parola che segue; **pe' ttù**; per te; **pe' ffà**; per fare; **pe' nnì**; per noi; **pe' ddùice**; per dire; **pe' ll'ària**; per aria; **pe' ssòtte**; di sotto.

**pecuràle:** pecoraio.

**pecuràune:** colui che si fa trascinare da…

**pecionàta:** lavoro non fatto bene.

**Pecirnòisa:** Soprannome.

**Pecòzze:** Soprannome.

**ppedàgna:** a piedi.

**pedàle:** pedale della bicicletta.

**peddavòire:** davvero (var.) **addavòire** come interrogativo; **che jì vìste peddavòire?**; che lo hai visto davvero.

**pecòzze:** frate addetto ai servizi.

**pedecàune:** parte inferiore del tronco dell'albero.

**pedevèlla:** pedivella della bici.

**pedòcchje:** pidocchio.

**Pedecchjèusa:** Soprannome.

**pedecchìuse:** riferito a persone tirchie.

**pedùne:** per ciascuno; **facème tànde pedùne.**

**peffòre:** di fuori (v.) **defòre.**

**pègge:** (agg.); peggiore, più cattivo; **è ppègge de jù dijàule.**

**pègge:** (avv.); peggio di, peggio per; **pègge de cuscì nne 'mbutèva jì.**

**pellàcchja:** pelle floscia, rilasciata.

**pellàstra:** pollastra.

**pellàstre:** pollastro.

**pellastràlla:** pollastrella.

**Pelàte:** Soprannome.

**pelliccète:**venire alle mani; **sànne pelliccète a jù bbàrre.**

**Pellìtre:** Soprannome.

**pellìtre:** puledro.

**pelòzza:** pietra incavata, usata generalmente per dare modo alle galline di bere.

**pescòlla:** pozzanghera.

**pennàzza:** non si discute, non si fiata.

**pennàzze:** ciglie.

**pènne:** per dire panni in genere; **pìjja ji pènne.**

**pendricchjète:** lentigginoso.

**pennàjje:** pennello.

**pennìne:** pennino della penna.

**penzijèune:** pensione.

**pendàune:** angolo, canduccio.

**peparàjje:** peperone.

**Pèppe:** (n.p.) Giuseppe/dim. **Peppìne, Peppenìjje, Peppenùcce.**

**Peppìna:** (f.) Giuseppina/dim. **Pina, Peppenèlla.**

**perdènza:** remissione.

**perìjje:** pioli di una scala o sedia.

**pertàusa:** asola dei pantaloni.

**pertecàra:**aratro con un solo vomero.

**perzàuna:** persona qualunque; **è passàta na perzàuna de còrza.**

**ppestà:** pigiare; **jème a ppestà ssì ddù ciste d'ùa!**

**Pestìjje:** Soprannome.

**pestìjje:** arnese per pigiare il sale, pepe ecc…

**pettàte:** chi viene additato.

**pettenàte:**pettinato.

**pettenèssa:** pettine curvo, specifico per raccogliere le trecce nella nuca.

**Pettenàre:** Soprannome.

**pezzecàte:** punto.

**pezzùche:** bastoncino accuminato usato dai contadini per bucare il terreno ed infilare le piantine.

**pezzùte:** appuntito.

**pezzìtte:** pezzetto di qualcosa.

**Plucchìtte:** Soprannome.

**pjàca:** ferita infettata; **a ssà ferùita ci sé ffàtta na pjàca!**

**pjàgne:** piangere.

**pjagnistère:** piagnisteo.

**pjagnitìcce:** persona piagnucolosa.

**Pjangènde:** Soprannome.

**pjànda:** pianta.

**pjàne:** piano.

**pjàtte:**piatto.

**pjattàre:** ambulante che vende piatti, bicchieri ecc...**Brùne de Parascèune che vànne jì pjètte.**

**pjattùcce:** per indicare poca minestra.

**pjèca:** piega dei pantaloni.

**pjòve:** piove.

**pjuìccica:** pioviggina.

**Picchjòtte:** Soprannome.

**Picirnòisa:** Soprannome.

**picinìjje:** pulcini.

**piccèune:** piccione.

**picciunàra:**luogo del riparo dei piccioni.

**pìcce:** fare capricci.

**pidànde:** attrezzo contadino per zappare,formato da due rebbi.

**pignèta:** pentolino di terracotta.

**ppijjè:** prendere; **và ppìjjè le pàne a jù fùrre.**

**pijjìcce:** crivello.

**pi...pi...pi...:** richiamo nell'aia delle galline.

**pìnge:** tegole.

**pingiàcchje:** parte del maiale usato (nei tempi) per ingrassare le scarpe.

**pìppa:**pipa.

**pìppa:** si dice a chi è scarso nel fare; **quìsse è na pìppa!**

**Piròcche:** Soprannome.

**Piscìjje:** Soprannome.

**Pisciòtte:** Soprannome.

**Pìscipìsce:** Soprannome.

**piscìjje:** piselli.

**piscjatùre:** orinatoio.

**ppiscè:** orinare.

**piste:** picchiare.

**pìuce:** pulci, insetti.

**pìùmme:** piombo.

**piùme:** piume di uccelli.

**pijùnze:** grosso tegame.

**plàcca:** procurarsi una macchia; **me so fàtte na placca d'òjje a ju vestùite.**

**Placchètta:** Soprannome.

**pòipe:** pepe

**Pocacìcce:** Soprannome.

**Pociànna:**Soprannome.

**pòira:** pera.

**Pollàstre:** Soprannome.

**pòrche:** maiale.

**portazeccùine:** portafogli.

**pòsa:** lasciare a terra; **te so dìtte, pòsale sùbbete**; ti ho detto lasciale subito.

**pòsa:** deposito, sedimento di qualche cosa; **attànde a lla pòsa de jù cafè!**

**postàla:** corriera di linea che trasporta posta e passeggeri.

**pustàle:** c.s.;

**pòzza:** pozzanghera.

**pòzze:** (v.) potere; **jì pòzze fà còle che mme pàre.**

**pònde:**ponte, cavalcavia.

**pràta:** pietra.

**pratepèure:** località bussese.

**pràstame:** imprestare; **pràstame nu 'nzì de sàle.**

**pràute:** prete, sacerdote.

**precipìzje:** precipizio.

**prefferù:** profferire; **'nne prefferù paròla, sennà…**

**prenòspera:** fungo, parassita della vite; **quàssa è lla prenòspera a lle pàmbene.**

**Pratùcce:** ansa, località balneare del periodo estivo, delle silente acque smeralde del fiume Tirino.

**pràute:** intelaiatura in legno dove si poneva lo scaldino con la brace per riscaldare il letto.

**pràute:** prete, sacerdote, parroco.

**prelebbàte:** prelibato, squisito.

**prètela:** tavola in legno dove si faceva il bucato.

**pretelùccia:** picolo sgabello in legno usato per sedersi.

**prèscja:** fretta; **'ngiàje tàmbe, che vvàjje de prèscja!**; non ho tempo, vado di fretta.

**precissijèune:** processione.

**prìngipe:** principe.

**pringìpje:** inizio, principio; **ògne pringìpje è ddùre.**

**pròspre:** fiammifero.

**prùgna:** susina.

**pròina:** gravida.

**Pucàzze:** Soprannome.

**Puccìtte:** Soprannome.

**Pulàcca:** Soprannome.

**pulànna:** polenta.

**pulmìune:** polmoni.

**pulpàcce:** polpaccio; **còme tà ddù pulpècce!** Come ha due polpacci

**pulùite:** pulito; **è ppulùite ssù vestùite?**

**pùile:** pelo.

**pùine:** concavo della mano; **dàmmene nu pùine!**

**puinìjje:** per dire un pizzico del

concavo della mano; **me ne pìjje nu puinìjje!**

**pullàre:** pollaio.

**pùise:** peso da portare.

**puìse:** avere un magone in corpo; **dòpe còle che 'mmànne redìtte, tànghe nu pùise 'ngòrpe!**; dopo quello che mi è stato riferito, ho un magone da sopportare.

**pummadàure:** pomodori.

**Punghìtte:** Soprannome.

**pundijjùse:** persona ostinata.

**pupàzze:** persona che dice e non dice.

**pupàzza:** donna, ragazza ecocentrica; **quàssa è na pupàzza.**

**pupàzza:** (ballo della pupazza nelle festività paesane).

**Pupulòise /a:** di Popoli.

**puràjje:** poveretto.

**purcarùjja:** porcheria, qualcosa di schifoso.

**purchìtte:** maialino.

**purciàlla:** scrofa.

**purciàlla:** vocabolo usato anche per alcune donne.

**purìjje:** foruncolo.

**puramànde:** oppure.

**purràzze:** verruca.

**pussavìa:** voce per scacciare il cane.

**putàca:** bottega alimentare.

**pputà:** potare.

**pùze:** polso; **che ttì rùtte ju pùze!.**

**pùzza:** fetore di marcio.

**puzunìtte:** padellino con manici.

**pùzze:** pozzo; **accùjje nu 'nzìgne d'àcqua a ju pùzze!**; raccogli un po' d'acqua dal pozzo.

**pùzze:** (v.intr.) potere; avere odio, rancore, avversione; **che ppùzze crepà mo pròpria!**; che possa morire subito.

**puzzulànde:** puzzolente.


## Q

**quadèrne:** quaderno; **pràstame ssù quadèrne che mme vòjje recupiè jì còmbete**; prestami quel quaderno che mi  voglio ricopiare i compiti.

**quajjète:** caglio; **me sé quajjète le làtte!**

**quajjèta:** risolto, concluso; **ssè quajjèta ssà stòria che Cungittìna.**

**quajjatèjje:** pasta da minestra fatta solo da farina e acqua.

**quànde:** quanto; **quànde cùsta?; quànde ne vì?; quànd'arrùiva?**

**quatràle:** ragazzo.

**quatrùcce:** pasta fatta in casa per brodo.

**quatrùine:** quattrini, moneta.

**quatrìjja:** ballo caratteristico abruzzese; quadriglia.

**quàrte:** un quarto di qualche cosa.

**quartùcce:** quartino, specifico nelle osterie; **facèmese nu quàrte e na gazzòsa.**

**quàssa:** (agg.) colei; **Annì! quàssa ca fàtte!**

**quìsse:** (agg. e pron.) quello; **quìsse che vvò?;** in funzione di aggettivo e in posizione proclitica (parola priva d'accento), assume, per aferesi, le forme: **ssà /ssè; pàssame ssè secarètte; allùngame ssà fùne; pàssame ssà 'mmartàjje!**

**quìste:** (agg.pron.) questo; **nu jòrre de quìste, jème a jù màre!**

**còle/quàsse:** (agg.) quale; **còle vì de stè mòila? Vòjje quàsse.**Quale vuoi di queste mele? Voglio quelle.

**quìnece:** quindici.


# R


**rabbàtte:** raccogliere, afferrare; **tìra che jà rabbàtte!**

**rabbàtte:** vocabolo contadino per dire; **so da jì a rabbàtte la vìgna.**

**rebbàtte:** vocabolo usato dai sarti; **sa da rebbàtte la pièca a lle càuze!**

**rabbbrevedùite:** rabbrividire.

**rabbèla:** ricoprire il fuoco con la cenere.

**rabbevàte:** ravvivare, far rivivere.

**rabbòcca:** si usa dire quando il camino non tira; **rabbòcca ju fùme.**

**rabbuccà:** aggiungere, rabboccare; **Ggiù, rabbòcca ssù uascèjje!**

**ràcane:** ramarro.

**ranòcchja:** rana.

**racanàlla:** rana.

**raccummànnà:** raccomandare; **jà raccummannàte ju pràute.**

**raccùnde:** racconto.

**raccapezzà:** rimediare, recuperare; **stanghe a raccapezzà ddù pummadàure.**

**racciàccare:** rimanenza di piccoli grappoli d'uva

**racciòppela:** grappolo d'uva.

**raccungè:** riparare, riaggiustare.

**ràcchja:** orecchio.

**racchijappa:** prendere al volo

**raddùna:** mettere insieme, radunare; **raddùna ssà jàrva, ca mò l'abruscème**

**raggèune:** ragione; **la raggèune è de ji fèsse!**

**raggiunà:** ragionare; **cuscì 'nàtra vòta te 'mbère a raggiunà!**

**ràjja:** rabbia; **tànghe na ràjja!**

**ràjja:** verso dell'asino; **ràjja còme n'àsene!**

**rajjùgne:** unire un elemento all'altro, spago, catena ecc..

**rajjògne:** raggiungere, rincorrere; **tù indànde camuìna, ca dòpe jì te rajjògne!**

**rallevà:** dare il nome del padre o del nonno al nascituro.

**ramàccja:** gramigna, erba dannosa che infesta i campi.

**ramàte:** soluzione di solfato di rame, usato per irrorare le vigne.

**rammeddijè:** racimolare, rimediare.

**rammurù:** spegnere; **nne 'nfà rammurù ju fàuche!**

**ranàra:** scopa realizzata con la saggina.

**ranàre:** granaio.

**ràne:** grano.

**ranetùrche:** mais, granturco.

**rangàscja:** grancassa, tamburo da banda.

**rràngiche:** rancido, alimento acido.

**rangillàte:** graffiato; **jì so rangillàte 'mbàccja**; lo graffiato nel viso.

**rangìtte:** pasto contadino umido, a base di; zucchine, peperoni, cipolle, pomodoro, patate, olio e sale.

**rànnela:** grandine.

**rannicchjète:** restringersi, accovacciato su se stesso; **ji so truàte rannicchjète a n'angulìtte.**

**ranzèure:** grossi chicchi di grandine.

**ràpa:** rapa, ortaggio.

**ràpa:** viene usato anche per dire; **quìsse è na còccia de ràpa.**

**rappacè:** rappacificarsi con qualcuno; **dòpo però sème rappacifecàte.**

**rappàjje:** rastrello.

**rapparàte:** ricoperto, messo a posto.

**rapàte:** rasato, fare i capelli a zero; **che ttì rapàte a zzère.**

**rappennecàte:** riaddormentarsi subito dopo il risveglio.

**rappezzà:** rammendare uno strappo.

**ràscja:** deposito lasciato dal vino nella botte.

**ràscja:** abbondanza.

**raschjè:** graffiare.

**Raschjète:** Soprannome.

**ràschje:** graffio; **me so fàtte nu ràschje.**

**raschjtte:** graffietto.

**ràspe:** grappolo di uva privo di chicchi.

**raspijjùse:** ruvido, graffiante.

**ràsse:** grasso.

**rassemàjja:** somigliarsi; **se rassemàjja tùtte a llà màmma!**

**ràsta:** uva acerba che resta nei grappoli.

**ràste:** resto di un pagamento; **tà refàtte le ràste?**

**rasùre:** rasoio.

**ràtta:** grattare; **ràtta le càsce pe' ji maccarìune!**

**rattacàsce:** grattugia per il formaggio.

**rattacùle:** bacca selvatica.

**rattafìa:** liquore.

**ràteca:** radice della pianta.

**ratìcula:** graticola per fare arrosti alla brace.

**Raurà:** Soprannome.

**rattòcca:** tutto quello che ti spetta di diritto; **a mmù che me rattòcca de papà!**

**ravànza:** restare d'avanzo.

**rattòppe:** rabberciare un vestito alla meno peggio.

**razzeccàte:** ritrovare un luogo; **ji so razzeccàte sùbbete.**

**razijèune:** porzione del mangiare; **me tòcca na razijèune de carne.**

**rebbàtte:** un modo di dire per ricontrollare qualcosa; **ème da rebbàtte ssì cùnde, ci stà caccheccàusa che nne vvà!**; dobbiamo ricontrollare quei conti, c'è qualche cosa che non quadra.

**rattrappùite:** avere gli arti contratti.

**recacà:** un modi dire bussese, ridare; **ji da recacà mò propria!**

**recaccè:** si usa per dire, portiamo via il raccolto dai campi; **stème a recaccè l'ùa da lla vìgna.**

**recaccè:** espressione bussese usata per affibbiare soprannomi; **j'ànne recaccète Raurà!**

**recàccia:** rigermogliare.

**recagnè:** scambiare, cambiare; **recàgname stà vestàjja che ròssa!**

**rescagnè:** cambiarsi d'abito; **còme ti rescagnète, à 'ndì da rijì!**

**recapà:** scegliere; **stà rrecapà ji fascèure.**

**riciccète:** rigermogliato.

**recircà:** chiedere in restituzione.

**recòjje:** raccogliere, ritirare; **sànne da recòjje jì pènne, prima che ppjòve!**

**recùjje:** vocabolo usato per specificare il contagio di una malattia; **'ngì jì, ca tte recùjje l'influènza!**

**Reculàte:** pasta e fagioli riposata.

**recurdà:** ricordare; **'nze recòrda nènde.**

**recòte:** raccogliere; **che jì recòte jì pènne?**

**recòtta:** ricotta di pecora.

**recràsce:** lievitare, ricrescere.

**recùjje:** ritirare su ordine; **te so ditte recùjje ssì pènne!**

**recujjènne:** raccogliendo; **che te vè recujjènne mèzze a sse zùzze.**

**reculìzia:** liquirizia.

**recuprù:** ricoprire.

**recurdàte:** ricordare.

**Recuttìjje:** Soprannome.

**refà:** ripetere, rifare, ridare; **quànde te so da refà!**

**recundrullàta:** riguardare.

**refàtte:** per indicare una quantità di raccolto; **Armà...quànde pummadàure ji refàtte?**

**refàtte:** dare come resto.

**refàtte:** viene usato anche per dire; riposato di qualche giorno: **tànghe le pàne refàtte, se lle vì?**

**refelà:** criticare alle spalle; **ji stànne a refelà nu cappotte!**

**refelà:** cercare di portare un oggetto a misura; **dàjje na refelàta e vùide sse vvà bbòne.**

**refelàte:** nel senso di dare una fregatura; **jànne refelàte na frecatùra!**

**refiatà:** rimanere zitto; **nnì da refiatà pennènde, sennà me 'ngàzze!**

**refrecà:** prendere in giro.

**refreddà:** lasciarlo raffreddare; **a ffàjje refreddà è ullànde ssù bbròde!**

**refridde:** si dice a quelle persone senza temperamento.

**refròllane:** per dire tanto, ricrescono; **a quìsse ji sòlde ci refròllane 'nzaccòccija.**

**refrùjje:** friggere nuovamente; **refrùjje 'nàtre 'nzì de pèsce, che ggià scùrte.**

**règge/i:** tenere, regere.

**relìquja:** reliquia di San Biagio.

**rellùce:** risplende, brillare.

**remànna:** rimandare, nel senso di chiudere; **remànna ssà pòrta che ffà corrènde!**; chiudi quella porta perché fa corrente; (tira vento).

**remàcene:** quantità di pietre accumulate

**remblàcche:** persona poco concreta.

**remànna:** ridare indietro; **remànna ssà lana a Zipòmba!**

**remanò:** restare, rimanere; **jì pòzze remanò tànde le sàcce còle che stète à ddùjce!**; io posso rimanere, tanto lo so quello che state dicendo.

**remàssa:** rimessa per attrezzi agricoli.

**remàtte:** intromettersi; **'ndè ci remàtte pure tù!** Non intrometterti anche tu.

**rembatrijèta:** incontro tra vecchi amici.

**rembeppàte:** vocabolo bussese per dire ben vestito.

**rembùnne:** mettere sopra; **rembùnne sse bbuttìjje d'òjje a lla despènza**; rimetti sopra la dispensa quelle bottiglie d'olio.

**remerà:** guardare con attenzione; **vàtt'à remerà a jù spècchje, nne vùjde còme t'ànne accungète!**; guardati con attenzione allo specchio, non vedi come sei conciata.

**remenùte:** ritornato; **so remenùte da fatijè.**

**Remmùmmere:** rione bussese.

**remunnà:** sbucciare.

**rengaràte:** alzare il prezzo, aumentare.

**rendòna:** rimbalzo di un suono contro un ostacolo; **nne lle sènde còme rendòna!**

**rendrà:** rientrare; **sànne da rendrà ddù pèzze de lòina...**

**riàndra:** portare, rientrare dentro a comando; **te so dìtte, riàndra ca fà le ffrìdde!**; ti ho detto di rientrare che fa freddo; **riàndra ddù pèzze de lòina pe' jù fàuche!**; rientra un po di legna per il fuoco.

**rendurcinàte:** aggrovigliato.

**rendurtà:** riempire di acqua le botti rinsecchite; **sa dà rendurtà ju uascèjje.**

**renfiatàte:** ricrearsi; **me stanghe a renfiatà.**

**renfrangàte:** stare tranquillo.

**renfrescàte:** rinfrescare l'aria.

**rengauzà:** interrare.

**rengòppa:** socchiudi; **rengòppa ssà fenàstra.**

**renghèra:** balconata in ferro.

**rengràsce:** dispiacere; **me rengràsce, ma te le sò da dùice**; mi rincresce, ma te lo devo dire.

**renguppàte:** ribaltarsi sottosopra.

**repàssa**: ripassare.

**renzàrra**: richiudere; **renzàrra ssà fenàstra che ssè rrapèrta che jù uànde!**; richiudi quella finestra che si è riaperta col vento.

**repànne**: pendere, penzolare.

**repenzà**: cambiare idea, ripemsarci; **ci sò repenzàte.**

**repennelìune**: portare qualche cosa penzoloni.

**reprijè**: ripregare; **'nde fà reprijè!**

**repjandàte**: trapiantare.

**repòste**: messo a posto; **à 'ndà ji repòste?**; dove lo hai messo?.

**repùnne**: metti (tu) a posto; **repùnne ssù pijàtte**; metti a posto quel piatto.

**repusàte**: riposato; **me so repusàte nu 'nzìgne e ssò repartùte**; ho riposato un po e sono ripartito.

**repusàte**: rimesso al suo posto; **jì so repusàte a 'ndà stèva**.

**resèjje**: risalire come persona; **Peppì, resèjje che ssò ìttàte la pàsta!**; Peppino, risali che ho buttato la pasta.

**resàjja**: riportare su; **resàjja na bbuttìjja d'òjje ca sàrve!**; riporta su una bottiglia d'olio che serve.

**rescallà**: riscaldare.

**rescìta**: riuscita; **à fàtte na bèlla rescìta!**

**reschjèra**: costiera per castagne.

**rrepulù**: imbiancare casa; **me stànghe a rrepulù còle ddù stànze de càsa.**

**resbàjja**: risvegliare qualcuno.

**resbijjète**: risvegliarsi; **me so resbijjète che nu delàure de còccja!**; mi sono risvegliato con un dolore di testa.

**resbutecà**: rigirare sottosopra.

**rescòte**: incassare, riscuotere.

**reseccà**: riseccare.

**resecàte**: lesinare; **sa fàtte nu vestùite resecàte resecàte.**

**resìcche**: rinsecchito; **me pàre nu rìcce resìcche.**

**resendùte**: offendersi ad una invettiva pesante; **è cchjàre che mme ne sò resendùte.**

**resputàte**: restituito, sputare.

**restòppela**: rimanenza dopo il taglio del grano; **dà fàuche a ssà restòppela.**

**restràgne**: ristringere.

**retàgne**: tingere una stoffa.

**retrattàte**: rimangiarsi una parola data; **à retrattàte tùtte còle ch'èva dìtte.**

**retràtte**: quadro raffigurativo; **me so fàtte fà nu bbèjje retràtte.**

**rretruà:** ritrovare, fare visita; **sème stàte a rretruà zà Cungittìna**; siamo andati a trovare zia Concettina.

**retruàte:** ritrovare una cosa persa; **jème retruàte fòre jù bbàrre.**

**reuscicà:** cercare dentro; **che vvè reuscichènne dèndre ssà bbòrza!**; cosa stai rovistando dentro quella borsa.

**resulà:** risuolare; **a ffà resulà sse scarpe.**

**rreutecàte:** rovesciato sottosopra.

**reutàte:** rigirato a guardare; **jì so fàtte nu fischje pe' ffàjje reutà.**

**revà:** tornare; **revà' llè cìnghe da fatijè!**

**revòtene:** vortice dell'acqua; **st'àttànde a jù fijùme ca ccì stànne jì revòtene.**

**revòtete:** guardare dietro; **revòtete arràte prìma de ggirà**; guarda dietro prima di girare.

**rezzòilà:** mettere ordine in casa; **stànghe a rezzelà la cucìna.**

**Restetùta:** Soprannome.

**rìcce:** istrice, riccio.

**rìcce:** per indicare un riccio di capelli.

**rìcce:** trucioli di legno.

**rijèle:** regalo.

**rignè:** mostrare i denti.

**rignèune:** rognone, rene dell'animale macellato.

**rignunàta:** pasto composto da pezzettini di rognone, con peperoncino aglio, olio e rosmarino.

**rrijè:** irrigare i campi; **demàne mmatùina sò da jì à rrijè còle pummadàure**; domani mattina devo andare ad irrigare i pomodori.

**rìjje:** grillo.

**rìmbje:** riempire; **rìmbje ssà cònga!**

**rìtte:** in piedi; **mo me tòcca a stà rìtte!**

**rìzza:** drizzare; **rìzza ssà seggia.**

**rìzzate:** alzati.

**rròbba:** oggetto materiale, termine generico.

**ròina:** sabbia mista.

**ròlle:** boccoli per capelli; **me so mìsse ddù ròlle 'ngòccia pe' ppjicà jì capìjje**; ho messo un paio di boccoli in testa per arricciare i capelli.

**rònga:** roncola.

**ròppa:** groppa, dorso del cavallo.

**Rrò:** Soprannome.

**Rrè:** Re/regnante.

**ròsse:** grande.

**ròta:** ruota.

**ròtta:** rotto; **se ròtta la sèggia.**

**ròtte:** grotta.

**Rusìna:** Rosa/dim. **Rusìna, Rusenèlla, Rosètta.**

**rùa:** vicolo stretto.

**ruàcce:** corso d'acqua breccioso di Bussi.

**ruscicarèjje:** pezzetti di carne nervati e cartilagini.

**Ròtele:** Soprannome.

**rùca:** bruco.

**rrucà:** non fare parola; **te so dìtte de nne rrucà!**

**rùfija:** chi russa.

**ruffijène:** ruffiano.

**rrumà:** mangiare come un cavallo, ruminare.

**rungìtte:** falcetto; **che jù rungìtte appeccàte 'ngùle.**

**rùjne:** rene.

**runàle:** vaso da notte.

**rummàure:** rumore.

**rùsce:** rosso.

**ruscèttela:** lucertola.

**rùspe:** rospo.

**Rusìna d'Affurtunàte:** Soprannome.

**rruscicà:** rosicchiare.

**rùtte:** spezzato, rotto.

**rùtte:** emissione rumorosa dello stomaco.

**rùtte:** vocabolo bussese, usato per dire; **àbbeta a lle rùtte!**

**rùzza:** ruggine; **làva ssà rùzza a ssù manùbbje**; togli quella ruggine al manubrio.

**rùzze:** persona rozza, cafone.

**rutulàte:** capitombolo, cadere dalle scale; **sé rrutulàte abbàlle pe' lle schèle.**

**Rusciuttulàune:** Soprannome.


## S


**sàbbate:** sabato.

**Sabbatìne:** Sabatino/dim. **Sabbatenìjje.**

**Sabbètta:** Elisabetta.

**sàcche:** sacco; **me na dìtte nu sàcche e na spòrta!**; me ne ha detto di tutti i colori.

**saccàtta:** sacco in tela di juta; **ne so recòte na saccàtta.**

**sacchìtte:** sacchetto in tela.

**saccàune:** per indicare un materasso di cartocci, usato nei tempi passati.

**saccòccia**: tasca; **mìttete sse caramàlle 'nzaccòccia!**; mettiti quelle caramellein tasca.

**sacràte**: impietrito; **appèna l'à sapùte ssè sacràte!**

**sacrastàne**: sacrestano.

**sacrefìce**: sacrificio.

**sagnètte**: pasta all'uovo; **vòjje so fàtte ddù sagnètte che ll'òva**; oggi ho preparato la pasta all'uovo.

**sallàcchja**: taccola, bacello; **tànghe cèrte sallàcchje de fève!**

**Sallàcchja**: Soprannome.

**sàlda**: scavalcare un impedimento; **sàlda ssù mùre**.

**saldà**: fare una saldatura; **sànne da saldà ssè ddù cùrve!**

**ssàlve**: salvo; **è ssàlve pe' mmeràcule!**

**salviètta**: tovagliolo.

**saldalamùla**: gioco di ragazzi; il primo si appoggia piegato al muro, altri in fila saltano sulla schiena senza cadere.

**sàjje**: salire; **mò sàjje!**

**Sangiuànne**: comparanza; **ci stà de màzze jù Sangiuànne!**

**Sandìjje de jù crepatàjje**: Soprannome.

**Sànde**: santo/unito al nome del Santo; **SàndeBbjàsce!**

**sangunàcce**: insaccato di sangue di maiale; **ème fàtte pure jù sangunàcce**.

**sandaràjje**: piccola immagine religiosa su carta; **jù sandìne**.

**sapàrchja**: utensile agricolo.

**sapò**: (v.a.) sapere; **jì sàcce, tu sé, quìsse sà, ni sapème, vi sapète, chìsse sànne; ma tù che nnù sapò, se nne 'ngì stàte!**

**sappòzza**: per indicare un avvallamento dove si formano le pozzanghere; **nne lle vùide che ci sappòzza l'àcqua!**; non vedi che ristagna l'acqua.

**saràca**: aringa salata o affumicata.

**saràca**: dare uno schiaffo deciso; **mo te dànghe na saràca 'mbàccja**.

**sarrìa**: sarebbe; **sarrìa da repassàcce n'atra vòta, ma và bbòne le stàsse!**; sarebbe opportuno ripassarci ancora un'altra volta, ma va bene ugualmente.

**Sarachìjje**: Soprannome.

**Sapunìtte**: Soprannome.

**sàrpa**: serpe.

**sarrìcchje**: falcetto per mietere.

**sartàure**: sarto.

**sàrva**: domestica.

**Sassàne**: Soprannome.

**Sassìtte:** Soprannome.

**sassìtte:** vocabolo usato per indicare piccoli sassolini.

**sassìtte:** gioco composto da cinque sassolini, lasciandone quattro per terra, mentre con il pollice e l'indice si lancia ad una altezza ragionevole il quinto; **facème a sassìtte.**

**satùlle:** sazio.

**sàucia:** salice.

**saucìccia:** salsiccia.

**sàuma:** soma, quantità contadina; **pòrtame na sàuma de lòina!**

**savòcchja:** piccola piega di salsiccia.

**sbalestrà:** straparlare; **mò nne 'mme fa sbalestrà.**

**sbannemènde:** vendita all'aperto.

**sbavà:** sbavare.

**sbavàte:** bavoso per qualcosa di…

**sbasciucchjè:** baciare ripetutamente.

**sbijjète:** partito, avviato senza controllo; **stète attànde che ssè sbijjète jù carrìtte!**

**sbòcca:** nel significato di finisce, termina; **jù fijùme sbòcca a jù mare**; il fiume finisce al mare.

**sbòcche:** nel significato di sfogo, passare; **levèmese da ssù sbòcche de vànde**; togliamoci da questo sbocco di vento.

**resbòcca:** riuscire, sboccare; è stato inserito volutamente in questa terna di vocaboli (esse), per comprendere meglio il significato dell'espressione bussese; **ssà vùjja resbòcca a lla Vernàzza**; quella strada riesce alla "Vernàzza".

**sbòrnia:** ubriacarsi; **a pijjète na sbòrnja.**

**sbracalèune:** vestito con incuria.

**sbracàte:** persona seduta disordinata, sciatta.

**sbrafànde:** chi si mostra spaccone; **nne 'nfà ju sbrafànde!**

**sbrendellàte:** allentato, tessuti o simili.

**sbruffàune:** chi si vanta - spaccone.

**sbuttà:** tracimare, fuoriuscita d'acqua; **chjùde ss'àcqua che stà sbuttà ju fùste.**

**sbuttà:** sfogarsi con qualcuno; **mò me vòjje propria sfucà, sennà cràpe!**; ora mi voglio proprio sfocare, altrimenti crepo.

**sbuttàte:** come dire, voglio dire tutto; **dòpe so sbuttàte**

**sbuscè:** bucare, forare.

**sbuscjafràtta:** fringuello.

**scàcchje:** rametto di…

**scacchjìtte:** chiedere un

picciolo grappolo d'uva; **pìjjame nu scacchjìtte d'ùa!**

**scacchjète:** divaricare le gambe/oppure un ramo; **pe' ppòche me scacchjève! - se scacchjète nu ràme de fìcura.**

**scacaccète:** chi se la fa sotto.

**scacarijè:** mettere in fuga, paura; **ji so fàtte scacarijè!**

**scafà:** sgranare; **sànne da scafà ddù fève.**

**scafàte:** persona svelta.

**scàgname:** lo scambiarsi a vicenda; **scàgname ji fascèure che lle patàne.**

**scallà:** scaldare (persona fisica); **fàmme scallà.**

**scallà:** eccitarsi, come dire; **nnè 'nde scallà tànde!**

**scallalàtte:** recipiente in rame bucherellato usato per contenere la brace.

**scalmanàte:** chi è tutto sudato, senza fiato.

**scamullà:** potare alberi di alto fusto.

**scangillà:** cancellare.

**scandunà:** svicolare.

**scapòicia:** pesciolini salati sotto aceto, conservati in barili.

**scanzà:** scostare, scanzare.

**scapetullàte:** precipitarsi, affrettarsi; **pe' ffà sùbbete, me sò scapetullàte!**

**scapezzàte:** cavallo libero dalla cavezza.

**scapezzàte:** si dice anche per quei ragazzi irrequieti.

**scapuccète:** tagliare di netto la punta di un fiore, albero ecc…

**scarafòcchje:** scarabocchio; **che ssò ssì scarafòcchje chj fàtte;** cosa sono questi scarabocchi che hai fatto

**scarecà:** scaricare.

**scarnùite:** persona magra, scarnita nel fisico.

**scarpàre:** calzolaio.

**scarpètta:** ripulitura del piatto col pane; **a ssù sùche ci fàtte pure la scarpètta.**

**scarpenàta:** fare una camminata senza risparmiarsi di fatica.

**scarruzzà:** viaggiare per svago.

**scarruzzènne:** girare senza meta.

**Scartòzze:** Soprannome.

**scartòzze:** cono in cartapane.

**scarùfà:** scavare per terra.

**scàsse:** fare un passo più lungo.

**scasà:** spostarsi di casa.

**scàssa:** cancellare.

**scassà:** dissodare la terra.

**scasciulàte:** ridotto senza soldi nel gioco.

**scàttela:** scatola.

**scàuze:** a pidi nudi.

**scazzàte:** indovinare per caso, fortuna inaspettata.

**scazzìtte:** berretto a punta.

**scènna:** ala, parte laterale degli uccelli.

**scèjje:** scegliere.

**scèrta:** treccia d'aglio/cipolle.

**sclòcche:** brutta caduta; **à fàtte nu sclòcche che lla mambrùcca.**

**scherbùteche:** persona scontrosa; **làssaji pàrla quìsse, me pàre nu 'nzìgne scherbùteche.**

**schjàppa:** scheggia di legno.

**schjàppa:** generalmente viene usata anche per dire; **quìsse è na schjàppa!**

**schjattà:** scoppiare di fatica; **stà schjattà de fatùjja.**

**schjattàte:** è morto.

**schjaffatàune:** schiaffo.

**schifèzza:** cosa schifosa.

**schjòrte:** storto, piegato.

**scherpìcce:** buccia del chicco d'uva.

**schjuà:** schiodare.

**schjuffàte:** dare, infliggere; **ji so schjuffàte nu schjaffatàune 'mbàccia.**

**scì:** (v.i.) uscire; **jì èsce, tu èsce, quìsse èsce, ni scème, vi scète, chìsse èscene.**

**sciccìse:** intercalare bussese,come dire: che ti possono.

**scistrùtte:** esternare imprecazioni.

**Scjalìtte:** Soprannome.

**Scjambagnìtte:** Soprannome.

**Scjascjtte:** Soprannome

**Scjaulìtte:** Soprannome.

**scjacquà:** lavare.

**scjacquàtta:** ragazza semplice.

**scjalà:** abbondare, scialacquare.

**scjamblamàcchja:** persona semplice; **ma ca da fà quìsse, 'ngnì vùide che nu scjamblamàcchja.**

**scjamendà:** sperperare.

**scjampagnòle:** viene detto a quelle persone che spendono senza criterio.

**scjapùite:** insipido, poco saporito; **me sa che ssà pàsta è nu 'nzìgne scjapùita;** mi sembra che lla pasta sia poco saporita.

**scjapùite:** persone scialbe; **quìsse è nu scjapùite de càzze!**

**scinnecàta:** dare uno scossone; **ji so dàte na bbòna scinnecàta e se stàte zìtte.**

**sciòlda:** diarrea.

**sciòlda:** uscita degli operai dal lavoro.

**scioffèrre:** autista di pullman.

**scirijète:** allentare,allargare; **sa dà scirijè la lana.**

**scjùcchemìsse:** indossare una semplice veste.

**scjurràta:** scapigliata; **attàccate ssì capìjje, nne lle vùide che stè tùtta scjurràta!**; legati quei capelli, non lo vedi che sei tutta scapigliata!.

**scjòte:** sciogliere; **tà ji capìjje scjòte;** ha i capelli sciolti.

**scjulà:** scivolare; **attànde a nne scjulà!**

**scjularàlla:** gioco da bambini durante l'inverno su lastre di ghiaccio.

**sciscirà:** sgranare chicchi di mais, fagioli, piselli; **sànne da sciscirà ji fascèure.**

**sciùscima:** irritabilità,nervosismo; **còme retà na sciùscima vòjje ssà crijatùra.**

**scocciapignète:** primo fiore spontaneo dopo l'inverno.

**scòla:**scuola; **demàne se revà à lla scòla!**

**scòla:** scolare; **scòla ssà pasta!**

**scòlla:** cravatta.

**scujjunàte:** infastidito,scocciato.

**scufulà:** aprire,spogliare la pannocchia del granturco.

**sculàte:** vocabolo usato al passato; **sànne sculàte nu fiàsche de vùine.**

**sculàte:** si usa dire anche per chi è fortunato al giuoco; **quìsse è pròpie sculàte!**

**Scùmbre:** vuoto, svuotato.

**scupenàre:** zampognari

**scòppe:** un modo di dire bussese; **te scòppe jù cùle che na ciambàta!**

**scuppà:** aprirsi, rompere; **me sànne scuppàte le scarpe.**

**scòtte:** passati di cottura; **ssì maccarìune so scotte.**

**scòrcia:** buccia.

**scòrta:** finita, terminata.

**scòrta:** farsi una provvista; **a lla candùina ne tànghe na scòrta.**

**screzzà:** schizzare.

**scrìzze:** schizzi d'acqua; **nne mme mannà ji scrìzze.**

**scrìzze:** per dire ed indicare una piccola cosa; **quìsse è nu scrìzze; è devendàte nu**

**scrìzze dòpe la verità.**

**scrijè:**(v.rifl.) sparire, scomparire; **jì so fàtte scrijè!**

**scrijète:** metterein fuga; **appèna ànne sendùte ju rummàure se so scrijète.**

**scrijàzze:** frustino per il cavallo.

**scrianzàte:** maleducato.

**scròjja:** scorreggia.

**scròsce:** pioggia violenta.

**scrùcchjète:** scricchiolato; **mànne scrucchjète jì rùjne.**

**scrucète:** abbattere,vincere,far cadere,stendere; **j'ème scrucète!**

**squajjète:** sciogliere.

**Squaquàcchja:** Soprannome.

**squajjèta:** svignarsela; **còme à sendùte ju rummàure se le squajjèta.**

**scrùima:** scrimatura dei capelli; **còme ti refàtte na scrùima!**

**scrùima:** dare un avviso minaccioso; **quìsse te recàpa la scrùima!**

**scrùite:** pezzo di pane secco.

**scrullà:** (v.a.) scrollare; **dà na scrullàta a sse cupàrte!**

**scrullàta:** anche per dire; **à fàtte na scrullàta de spàlle e se né jte.**

**scuccè:** dare fastidio.

**scùcchja:** mento prominente.

**scuffjè:** vocabolo bussese usato per dire; **sànne da scuffjè le mazzòcche.**

**scufelatùre:** brattee essiccate del mais, usate nei tempi passati per riempire i materassi.

**scujjète:** modo di dire bussese; **ti scujjète che ssà pòca farùìna.**

**Scumbìsce:** Soprannome.

**scumbrà:** sgomberare.

**scummaràjje:** piccolo recipiente.

**scuncullà:** ripulire le mandorle dal guscio.

**Scùnchele:** Colle.

**scungassàte:** sconquassare.

**scungacàte:** merdoso.

**scunzulàte:** persona triste, senza conforto.

**scuppàte:** staccare; **che te sànne scuppàte le scarpe!**

**scuppjète:**spaiati; **me so remàste cèrte bicchière scuppjète che nne 'nzàcci che ccì so dà fa.**

**scuppjàte:** scoppiare; **se scuppjàte jù pallàune.**

**scupìcce:** quello che resta degli acini una volta schiacciati.

**scupìtte:** spazzola di saggina.

**scupirchjète:** scoperchiato.

**Scupìcce:** Soprannome.

**scupùine:** spazzino,netturbino.

**scuppulàune:** schiaffo.

**scuprù:** scoprire.

**scurcè:** spogliare, aprire; **s'avèssene da scurcè le mazzòcche pe fàlle seccà.**

**scurcè:** vocabolo bussese nel senso di voler dire spellare; **so da scurcè nu cunìjje.**

**scurcète:** scorticato; **me so scurcète le inòcchja.**

**scurtecà:** squoiare il maiale nelle sue parti.

**scurdàte:** scordare.

**scussàte:** avere gambe malconce.

**scustumàte:** scostumato.

**scutecà:** ripulire le ossa; **sème scutecàte na cuccètta d'agnèjje**; abbiamo pulito per bene, una testina di agnello.

**Scutàre:** Soprannome.

**scutulà:** sbattere un panno con fermezza.

**scutulàta:** modo di dire bussese; **à pijjète na scutulàta a rramìne.**

**Scuzzìtte:** Soprannome.

**sdràuse:** strano, strampalato.

**sdellenzàte:** ridurre a brandelli.

**sdellummàte:** slombato, fiaccato.

**sdelluffàte:** rotto in …; **jème sdelluffàte.**

**sderrenàte:** fiaccare le reni per fatica; **vòjje sème sderrenàte a zappà la vìgna!**

**sdòppja:** misura più larga; **è na mesùra sdòppja.**

**se:** (cong) se; raddoppia sempre la consonante successiva; **se lle vì; se ccì stè; se ccì ulèsse jì;se mme vì; se ppe' ddemàne nne 'nze vedème va bbòne cuscì.**

**se:**(pron.) si; si rompe;**se ròmbe;** si fa male; **se fa màle;** si prende; **se pìjja;** si vede; **se vòide.**

**secà:** secare.

**sècuta** seguitare,continuare; **tu sècuta a ffà jù fèssa.**

**sèggia:** sedia.

**senàta:** lesionata.

**sendemànde:** stato affettivo.

**sendemànde:** uscire di senno; **à perdùte jù sendemànde!**

**sendùte:** ascoltato; **le so sendùte a jù bbàrre;** l'ho sentito al bar.

**sennà:** altrimenti; **se ttè pàre cuscì và bbòne, sennà làssa stà!**; se ti pare così va bbene, altrimenti lascia stare.

**senzàle:** mediatore; **pe vànne s'àsene a lla fièra, ci vò jù senzàle**; per vendere quell'asino alla fiera, occorre il mediatore.

**sepàra:** dividere.

**serenàta:** serenata/cantata.

**serùine:** sereno notturno.

**setàcce:** utensile da cucina in legno usato per passare,setacciare la farina.

**settàmmere:** settembre.

**settemàna:** settimana.

**sfàsce:** in abbondanza.

**sfascète:** rotto, sfasciare.

**sfallà:** non manca mai; **nne sfàlla na seràta!**

**sfangà:** venire fuori da una situazione difficile.

**sfellàta:** taglio, ferita da coltello.

**fellàta:** affettata di…

**sfenùite:** sfinito senza fiato.

**sfettuccè:** fare a brandelli.

**sfizje:** togliersi una soddisfazione.

**sfizjùse:** piccoli diversivi.

**sfraggillàte:** sfracellare.

**sfrangàta:** uscire indenni.

**sfùnne:** chi non si sazia mai; **ma**

che ttà jù sfùnne!

**sfrijjè:** struggere friggendo.

**sfrìzzele:** strutto di maiale.

**sfruscè:** spendere senza badare a spese.

**sfummecà:** emettere fumo.

**sfutù:** sfoltire, eliminare; **sànne da jì a sfutù le pummadàure!**

**sfunnà:** sfondare.

**sganganàte:** scardinare, sgangherato.

**sgòrnja:** essere nauseato da qualcosa.

**sgùnfje:** sgonfio; **jù pallàune è sgùnfje!**; il pallone è sgonfio.

**sìcche:** secco; **è ssìcche còme nu càne**; è secco come un cane.

**sìcare:** sigaro.

**sìcchje:** secchio; **accùjje nu sìcchje d'àcqua!**; raccogli un secchio d'acqua.

**sìdece:** sedici.

**siggètta:** sediolina.

**signè:** segnare; **à ffàlle signè a lla lebbrètta.**

**signuràlla:** coda del gambero.

**sìneche:** sindaco.

**smachenà:** lavorare a macchina la lana.

**smanecàte:** senza maniche.

**smàmma:** togliti di mezzo; **te so ditte smàmma!**

**smànda:** scoprire; **smànda ssù làtte!**; scopri quel letto.

**smandàte:** scoprirsi; **me sòsmandàte pe' lle càjje**; mi sono scoperto per il troppo caldo.

**smàrza:** agg.; rovescio, l'opposto del dritto; **ti mìsse la màjja a lla smorza**; hai messo la maglia al rovescio.

**smezzàte:** dimezzare; **rijìmbje su sàcche smezzàte.**

**smiccè:** sbirciare.

**smòrza:** spegnere; luce, fuoco, sigaretta.

**smòve:** spostare; **sa da smòve ssù traìne.**

**smòdere:** di aspetto poco graziato.

**smuscìna:** mescolare.

**smuscinènne:** rimescolare.

**snaturàte:** perdere i sentimenti; **è nu fìjje snaturate.**

**snellù:** sveltire una fila; **vedème de snellù ssà fùila.**

**snellìsce:** sembrare più snello; **ssù vestùite nùire, te snellìsce nu 'nzìgne**; quel vestito nero ti snellisce un po'.

**snervàte:** logorarsi nell'attesa; **me so snervàte d'aspettà.**

**snubbàte:** ignorare.

**snùda:** slegare un nodo; **snùda s'annùde**; slega quel nodo.

**sòjja** (agg.po.): suo/ va sempre posposto al sostantivo; **jù càne sòjja;** il suo cane; **la màchena sòjja;** la sua macchina; **è jù fìjje sòjja;** è suo figlio; **è lla mòjje sòjja;** è sua moglie.

**sòcira:** suocera.

**sòda:** per identificare un terreno incolto; **tànghe na tàrra sòda a lle puscìna.**

**la sòira:** la sera.

**massòira:** questa sera.

**sòisa:** seno, mammella; **attàccaji à lla sòisa!**

**sòite:** sete; **tànghe na sòite, che mme bbevèsse ddù bbuttìjje d'àcqua.**

**sòla:** suola delle scarpe.

**sòla:** prendere una fregatura; **mànne dàte na sòla!**

**sòle:** sole; **vòjje ci stà nu bbèjje sòle.**

**sòle:** solo; **vàcci da sòle a jù fùrre!**

**sòna:** suonare; **sòna che lla bbànda de bbùsce.**

**sòne:** suono; **fa nu sòne stràne ssà màchena!**

**sònne:** sonno.

**sòrge:** (s.m.) topo; **jù sòrge bbàlla.**

**sùrge:** (pl.) topi; **a ssà stàlla ci stànne jì sùrge!**

**sòrma:** mia sorella.

**sòrdeta:** tua sorella.

**sòrda:** sorda/femminile.

**sùrde:** sordo.

**sòrva:** sorba (frutto).

**sòrbe:** sorbo (albero).

**sòtte:** sotto, giù; **appèna jì fàtte, vè sòtte!**

**sòtte:** vocabolo usato anche nella passatella; **te fàcce patràune e sòtte.**

**spàcca:** spaccare,tagliare in due, dividere; **me so da spaccà ddù lòina.**

**spàcce:** rivendita di sali e tabacchi.

**Spachìtte:** Soprannome.

**spacinzijète:** spazientirsi.

**spallà:** demolire, far cadere.

**spàlla:** spalla, parte superiore del corpo.

**spampanàte:** petali troppo aperti; **ssà rosa è spampanàta.**

**spànne:** spendere; **quànde sòlde spànne quìsse!**

**spànne:** distendere; **và spànne ssì linzìure a ll'àra, ca cci allunghème ssì fascèure!**; vai a distendere quei lenzuoli a l'aia che ci mettiamo ad asciugare quei fagioli.

**spaparacchjète:** sdraiato a gambe larhe.

**spàrace:** asparagi; **jà spàrace stanne 'mmàzze a lle spenaròle.**

**sparagnè:** risparmiare.

**sparàgne:** provare disgusto.

**sparaulìtte:** falchetto.

**sparròzze:** per dire, grossi fiocchi di neve.

**sparùite:** scomparso; **de còlpe a qquànde è sparùite;** improvvisamente è sparito.

**spajète:** disuguali; **me so remàste ddù piètte spajète.**

**sparpajjète:** allargati, spargere di qua e di la; **jì sparpajjète pe llà vùjja!**

**spartùte:** dividere; **ànne spartùte jù pòrche.**

**sparijète:** vedere; **sparpajjète.**

**spàsa:** piatto ampio di una portata; **ve ne pòrte na bèlla spàsa cuscì va' bbuttète.**

**spàsse:** camminare rilasciato.

**specàte:** spigare.

**speccà:** spiccare un oggetto.

**speccàte:** spiccare in volo/uccello.

**specanàrda:** lavanda.

**speluccà:** spiluccare l'uva.

**spelacchjète:** che ha perso il pelo; **a 'ndà vè che ssa pellìccja tùtta spelacchjèta!**

**spelacchjète:** ridotto senza soldi nel giuoco; **sòira, a cchèrte, mànne spelacchjète a fecurìjje!**

**spendàune:** ricevere uno spintone tra la folla.

**sperà:** sperare; **sperème a DòmmeneDdìje!**

**sperànza:** speranza.

**sperdùte:** smarrito.

**sperpìngule:** pipistrello.

**spèrze:** girare verso tante direzioni, senza meta; **pùzze ji spèrze come nu sòlde fàuze.**

**spèsa:** spesa/cibo.

**spesàte:** giornata pagata più il pranzo.

**spèzze:** spezzone di stoffa.

**spezzutàte:** spuntato, rotto in punta/matita.

**spedàle:** ospedale.

**spjanatàura:** ripiano in legno per allungare la sfoglia di pasta.

**spiccè:** un modo di dire per; **spìcciame sti vìnd'èure!**

**spiccè:** usato in casa; **fàmme spiccè prìma la cucìna, dòpe se pijjème nu bèjje cafè!**

**spìcce:** per indicare moneta spicciola; **ji sòlde spìcce.**

**spiccèmese:** per dire; facciamo presto.

**spinnijè:** spillare il vino nuovo.

**SpìrdeSànde:** Spirito Santo.

**spìsse:** spesso, di frequente.

**spondapàde:** inciampare su qualcosa.

**spògna:** finocchio.

**spràsce:** spremere; **mo te spràsce n'arànge!**

**spriscète:** contrario di generoso; **pràstame nu 'nzì de sùche... còme ti spriscète!**

**spugnète:** ammollare (baccalà); **stànghe a spugnè nu bèjje pèzze de bbaccalàne!**

**spùica:** resta della spiga; **na spùica de ràne.**

**spùine:** spini di rovi.

**spujjète:** spogliare.

**spùise:** spendere; **quànd'jì spùise?**

**spulmunàte:** parlare tanto.

**spulpà:** spolpare, dissossare.

**spùndàta:** senza punta; **ssà matìta è spundàta!**

**spundàte:** spuntare, nascere

riferito al sole; **appèna spùnda ju sòle partème.**

**spùnneme:** aiutarsi a farsi togliere i pesi dalla testa; **aiùtame a spùnne ssà tàvela de le pàne!**

**spupulàte:** fare un figurone, impressionare.

**spurà:** fare uscire il pus.

**spurcìzja:** viene usato per quelle ruberie immorali e sperperi vari.

**spurtìjje:** sportello.

**sputàte:** sputo, saliva.

**squacquarijè:** risata rumorosa.

**squajjète:** sciolto; **squajjète ssà ciucculàta.**

**squajjèta:** scappare, fuggire; **se la sò squajjèta a jù prìme rummàure.**

**stàbbje:** letame.

**stàcche:** salto; **à fàtte nu stàcche de tèsta!**

**staccìtte:** fermo in legno per una finestra, porta ecc…

**staccùcce:** puledro.

**stagnaròla:** recipiente da cucina.

**stagnaròle:** stagniaio; colui che riparava tegami in lamiera e di latta.

**stàgne:** stingere/vestito.

**stàgne:** elemento chimico.

**stagnìne:** idraulico di un tempo.

**stallùccia:** ricovero per animali, porcile.

**stambàlla:** appendi abiti.

**stammùcche:** fusto della pianta di mais.

**stànga:** braccio del carretto agricolo.

**stànga:** modo di dire; **che stànga de fàmmena!**

**stangàune:** persona alta.

**stànne:** stendere i panni; **mo vàjje a stanne ssì ddù pènne.**

**stànne:** stare sul posto; **stànne ggià 'ngambàgna!**

**stennerecàte:** persona distesa e impietrita; **te pòzzane stennerecà!**

**stepàte:** rimesso a posto.

**stèrpa:** pianta che non produce frutto; **uànne ssà pjànta è stèrpa;** quest'anno questa pianta non produce frutti.

**stèrpa:** una volta si usava dire a quelle donne che non potevano avere figli; sterili.

**sterzà:** sterzare, girare; **stèrza a ddèstra.**

**stìzze:** vento freddo; **come tìra nu stìzze massòira!**

**stòmmache:** avere stomaco; **quìsse ta nu stòmmache!**

**stòmmache:** stomaco, apparato digerente.

**stummacàte:** essere nauseato; **me so stummacàte.**

**stùbbete:** stupido.

**stùila:** manico in legno adoperato per impugnare o sollevare attrezzi contadini; **se rròtta la stùila de l'accètta.**

**stùnate:** chi non si armonizza col tempo; **che vvò candà quìsse se stunàte come na cambàna!**

**stuppàte:** smettere, fermarsi.

**stòppe:** giuoco delle carte.

**sturdulàune:** tontolone; **làssai pàrde quìsse, che nu sturdulàune.**

**stòzza:** un modo di dire bussese; **me so purtàte na stòzza de pàne.**

**tòzze:** tozzo di pane.

**stòire:** porcile del maiale.

**straccàte:** (v.a.) stancare.

**stràcche:** (agg.) stanco.

**straccàle:** bretelle.

**stràccia:** pettine e denti larghi.

**stràme:** misto di fieno e paglia.

**stramà:** pulire la stalla dal fieno e paglia già consumate; **sànne da stramà sse bbèstje.**

**strascinà:** strisciare per terra.

**strascinènne:** trascinando; **jì pùrte strascinènne pe' lla vùjja.**

**stràgne:** stringere.

**straccèune:** chi non vive agiatamente.

**strecà:** allontanare,scomparire; **ji so fàtte strecà.**

**streppà:** estirpare; **te pòzzane streppà a ttù e tùtta la famìjja.**

**stretulà:** stritolare.

**striccè:** sciogliere le trecce dei capelli.

**strìgne:** stringere.

**strijèune:** viene usato per quelle figure di uomini ai quali vengono attribuiti poteri soprannaturali,o malefici; **quìsse è nu strijèune.**

**strìtte:** stretto.

**stròjja:** strega.

**Stròjje:** Valle delle Streghe; località tra Collepietro e Bussi.

**struccàte:** spezzato; **se struccàta la fune.**

**strùina:** vento teso e freddo; **arrùiva jù tàmbe brùtte, ùarda còme tìra na strùina!**

**Strullachìtte:** Soprannome.

**strumànde:** atto notarile; **so fàtte jù strumànde a jù nutàre.**

**strumènde:** strumento musicale.

**strùnze:** persona inetta.

**struppijète:** vocabolo usato per dire; **stanco morto.**

**stùipe:** ripostiglio solitamente di legno.

**stuèle:** stivali.

**stùrze:** torso.

**sturzà:** strozzare; **che te pùzze sturzà.**

**strùtte:** sugna del maiale da cui si ricava lo strutto.

**strùtte:** sfruttare al massimo; **ci fàcce scì le strùtte!.**

**sùbbja:** lesina; attrezzo del calzolaio.

**sucà:** succhiare.

**sàcca:** seccata; **la pjànda è sàcca.**

**sùche:** sugo.

**sudàure:** sudore; **assùcate ssù sudàure, ca tte pìjja nu malànne!**

**sùite:** località, sito; **a ssù sùite ciulèsse fà na casa:**

**sùleche:** solco; **so mìsse ddù sùleche de fascèure.**

**sumundà:** seminare; **è ttàmbe de sumundà le patàne.**

**sumànda:** seme; **me so lassàte la sumànda de jì fascèure aquilène.**

**sunnàte:** sognato.

**sunatàure:** chi suona uno strumento musicale.

**surchjè:** succhiare, bere un liquido aspirandolo rumoreggiando; **bbìve sènza surchjè.**

**sùrze:** sorso d'acqua, a poco a poco.

**Surucàlla:** Soprannome.

**ssunà:** suonare; **stanne a ssunà jù rigolètte.**

**sutterrà:** sotterrare; **quìsse te suttàrra a ttù!**

**svendràte:** sbucare da una parte all'altra.

**svezzàte:** svezzare; **li svezzàta ssa crijatùra?.**

**svrevugnè:** svergognare; **te sò da svrevugnè 'mbàccia a ttùtte!**

**svutà:** svuotare.

**svezzà:** togliere l'allattamento materno.

# T

**tàcca:** mettere un segno.

**tàcchja:** vite, arbusto di tralci; **che ssù pidànde st' attànde a nnà cchjappà la tàcchja!**

**Tabbaccàune:** Soprannome.

**tajjulùine:** pasta più sottile delle tagliatelle; **dù tajjulùine a jù**

bbròde.

**tamàrre:** persona cafona; **quìsse è nu cafàune.**

**tammùrre:** tamburo.

**tànde:** (avv.) a tal punto, in tal modo; **'nde preoccupà, tànde 'nne vvà cchjì;** non preocuparti, a questo punto non viene più.

**tànde:** (agg.ind.) nel tempo; **dòpe tànde tàmpe,che mme stànghe a recurdà!;** dopo tanto tempo non mi posso ricordare.

**tànfa:** puzza.

**taccòzze:** pasta fatta in casa con acqua e farina.

**tàgne:** tingere.

**tànghe** (v.a.): tenere; **jì tànghe; tu tè; quìsse tà;** imperfetto; **jì tenève; tu tenìve; quìsse tenèva;** congiuntivo; **se jì tenèsse; se ttù tenìsse; se quìsse tenèsse.**

**tallòppa:** zolla.

**tallòppa:** viene usata anche per indicare una ragazza bassa e grassa.

**ttalluppàte:** tirarsi palle di neve.

**tamàrre:** zoticone.

**taràndela:** tarantola.

**tàrra:** terra.

**Tarrammùte:** Soprannome.

**tarrammùte:** terremoto.

**taratùfene:** persona intufata/da tartufo.

**tàrtare:** sporcizia di pelle.

**tarùzze:** per indicare il duro del pane, cioè l'estremità dei due lati; **a mmù me retòcca ju tarùzze.**

**tascapàne:** borsa a sacco per trasportare vivande.

**tàsce:** tasso (animale).

**Tascìtte:** Soprannome.

**tatà:** padre.

**tatòne:** nonno.

**tàvela:** tavola.

**te** (pron.):ti, te, a te; **te so vìste;** ti ho visto; **te vòjje;** ti voglio; **che tte so dìtte;** cosa ti ho detto; **te le dùice a ttù!** te lo dico a te!; **te vòjje bbàne;** ti voglio bene.

**tenò** (v.a.): tenere; **jì tànghe, tu tè, quìsse ta, ni tenème, vi tenète, quìsse tève.**

**telàre:** telaio, macchina per tessere.

**terrepà:** crollare; **ssù mùre se stà pe' terrepà.**

**terrepàte:** precipitato, caduto; **se terrepàte abbàlle pe' lle schèle.**

**Tebblù:** Soprannome.

**terràune:** torone.

**Terrìcine:** Soprannome.

**terrìcine:** tuoni, scariche elettriche; **ji sendùte inòtte che terrìcine ànne fàtte!**

**tezzàune:** tizzo; pezzo di legno che sta bruciando.

**tic-tòcche:** battaglio in legno usato durante la processione del venerdi Santo.

**tijàlla:** tegame da cucina; **so fàtte na tijàlla de peparèjje frìtte.**

**tijllùccia:** tegame più piccolo.

**tìc:** contrazione facciale.

**tìcchje:** ceppo,radice della pianta; **la schjàppa và da jù tìcchje.**

**Tembastìjje:** Soprannome.

**Tignìuse:** Soprannome.

**tignìuse:** persona litigiosa, puntigliosa.

**tìnere:** tenero; **Moscò! ssù pèzze de càrne è tìnere.**

**tìtte:** tetto.

**tòcca:** vai; **tòcca 'nnammònde!**

**tòcca:** un modo di dire bussese; quando devo aspettare?; **a mmù quànde me tòcca?**

**tòcca:** toccare; **tu tòccala e vùide chè na bbèlla stòffa**; sentila con la mani e vedi che è una buona stoffa.

**tòcche:** per dire un bel pezzo di…;**dàmmene nu bèjje tòche!**

**tòrchje:** torchio per spremere l'uva.

**tòrza:** fascina di legna; **ne sò fàtte na bbèlla tòrza.**

**tòppa:** riparare uno strappo con un pezzo di stoffa; **mìtteci na tòppa.**

**tòsce:** tosse; **ssà criatùta còme tà na tòsce?**

**tòste:** duro.

**tòzze:** pezzo di pane; **me stànghe a mmagnè nu tòzze di pàne!**

**trabbàlla:** barcollare; **ssù tavelùine trabbàlla**

**tràccia:** treccia di capelli.

**traìne:** carro agricolo a quattro ruote; **l'ùa la recaccème che jù traìne da le puscìna.**

**tràmbe:** oggetto o persona instabile; **quìsse e nu 'nzìgne trombe, nne 'nde fedà.**

**ttramutà:** travasare il vino; **che stà bbèlla jurnàta vòjje tramutà le vùjne.**

**trappùite:** frantoio; **savèsse da purtà la ìva a jù trappùite!**

**trasandate:** persona trascurata.

**Trascilèune:** Soprannome.

**trattùre:** sentiero erboso/tracciato delle greggi.

**trattùre:** località bussese dove furono trucidati undici partigiani.

**tratùre:** cassetto della credenza; **pìjja la tuàjja pe jù taveluìne dàndre a jù tratùre!**; prendi la tovaglia per il tavolo dentro al cassetto della credenza.

**Trecciràscja:** Soprannome.

**trebbulà:**patire, soffrire; **stà ttrebbulà dàndre a nu làtte, nnè mèjje che ssè mòre!**; stà soffrendo dentro ad un letto, non è meglio che muore!

**tremaràlla:** tremolio del corpo; **ji so fàtte pijjè la tremarella!**

**treppède:** treppiede da camino; **mìtteci jù treppède sòtte a ssù callàre!**

**tresàmmare:**rosmarino; **facème jù cunìjje arrùste, ci mìtte jù paparellìtte e  nu 'nzìgne de tresàmmare.**

**Tresenòve:** Soprannome.

**trèsca:** mettersi in sieme per…

**ttrescà:** trebbiare; **jème a ttrescà le ràne.**

**ttretà:** tritare/pestare; **trìta nu 'nzìgne de pòipe!**

**trettecà:** scuotere, traballare; **ssà bbòtta de tarrammùte à date na bèlla trettecàta a lle chèse vàcchje!**

**trìdece:** tredici; **à fàtte trìdece!**

**trìtue:**tre giorni di preghiera; **stànghe a ffà jù trìtue a SsàndanDònje!**

**trìppa:** pancia; **tànghe na trìppa**

**abbòtta/ssà gazzòsa te cònfia la trìppa.**

**trìppa:** stomaco dei bovini cucinato; **a llà trìppa ci vò la sàlvia, nnò la mendùccia!**

**trònghe:** fusto dell'albero; **che ssù bbèjje trònghe ci fè na frèca de lòina.**

**tròtta:** trota; **sò pescàte na bèlla tròtta/**anticamente si usava dire; **sò pescàte na bèlla pàscja!**

**truchìtte:** taglio del tronco a misura.

**trùite:** pasta fatta a mano con acqua e farina; **fàcci ddù trùite che fànne le làtte pe' ssà criatùra!**

**trùa:** spola del telaio (magliaia).

**ttruà:** andare a fare visita; **te vànghe a ttruà, appèna me so lebberàte de stì 'mbìcce.**

**trùvede:** torbido; **sse vùine è trùvede.**

**tuàjja:** asciugamano.

**tuàjja:** vocabolo che viene usato anche per dire tovaglia da cucina.

**tuccà:** toccarmi; **nne 'mmì da tuccà!**

**ttùcca:** cozzare con la testa; **ve fàcci fà 'ttùcca!**

**Tucchelacìnge:** Soprannome.

**tucculàte:** bussare; **chj à**

tucculàte?

**tùine:** recipiente  in legno a doghe, usato per raccogliere l'uva; **jì tùine ssò pjìne d'ùa.**

**tùina:** tinozza in legno di media grandezza usata per il bucato/anche per raccogliere il mosto.

**tùmbre:** tumo/o quantità; **tà nu tùmbre de cirevàjje**; come dire: è un cervellone.

**Tufanìtte:** Soprannome.

**Tumàsse:** Soprannome.

**tùmmare:** tanto, un bel po'; **me nì mìsse nu tùmmare, chj se jì fenìsce!**

**tùnne:** tonno (pesce).

**tùnne:** rotondo; **fa nu ggìre tùnne, tùnne.**

**tùnne:** viene usato anche per dire/arrotondare un conto; **attònna ssù cùnde/fa cùnde tùnne.**

**tùnne:** si dice di una persona tonda; **quìsse è mèzze tùnne.**

**tùppe:** treccia di capelli avvolti alla nuca; **sa fàtte nu bèjje tùppe!**

**ttuppàte:** tirarsi palle di neve; **stanne a ffà 'ttuppàte!**

**tturcinà:** torcere, avvolgere intorno a se stesso; **jì da turcinà bbòne sennà 'nzà ssùcane!**

**turchjète:** chi è stato spremuto nel dire/parlare; **a jesàme jànne turchjète a ll'òrale.**

**turmànde:** chi ha un pensiero in testa da risolvere; **tànghe nu turmànde pe' ssù spusalìzie.**

**turcitùre:** residuo della spremuta del torchio; **jù turcitùre vàjje à jìtta 'ngambàgna.**

**turtùre:** bastone.

**Turturìjje:** Soprannome.

**tùrde:** si usa dire a quelle persone sciocche, sempliciotte.

**tùrde/le:** tordo (uccello di media grandezza).

**tùtere:** torsolo di mais.

**tùtte:** tutto.

**turzìtte:** bambino rotondetto; **che bèjje turzìtte!**


## U


**ùa:** uva; **me pìjje na raccijòppela d'ùa!**; mi prendo un grappolo d'uva!

**uaccìle:** catino smaltato usato nei tempi passati per lavarsi il viso; **mìtte l'àcqua a jù uaccìle e scjàcquate bòne, bòne.**

**uadagnè:** guadambiare; **me sò uadagnète na bbèlla jurnàta.**

**uànne:** quest'anno; **uànne nne 'mme fàcce frecà, sumànde a ttàmbe sòjja**; quest'anno non mi faccio buggerare, semino quando è tempo.

**uàde:** varco, strettoia.

**uajjiòla:** ragazza; **ti pijjète na bbèlla uajjiòla**; hai sposato una bella ragazza.

**uajjiulìtte:** ragazzetto; **stète attànde a ssì uajjiulìtte**; fate attenzione a quei ragazzi.

**uallàune:** ampia vallata.

**uàlle:** gallo; **è jù uàlle de jù pullàre**; è il gallo del pollaio.

**ualijòtte:** ragazzo scaltro, furbo; **de quìsse 'nde pù fedà, è nu ualijòtte.**

**uànde:** **(jù uànde)** vento; **tìra nu uànde che tte se pòrta!**; per dire:tira un vento forte.

**uànde:** **(jì uànde)** guanti.

**uandièra:** vassoio.

**uàrda:** guardare; **ma uàrda nu 'nzìgne quìsse!**; ma guarda un po' questo!

**uarzàune:** ragazzo di bottega.

**uarelìtte:** anche (**varelìtte**); piccolo barile per il vino.

**uarelìtte:** ragazzo bello grassetto; **è ccòme nu uarelìtte.**

**uàsce:** quasi; **uàsce, uàsce me ne vàjje.**

**uascèjje:** botte; **sò remìsse ddù uascèjje de vùine!**

**uàzza:** rugiada mattutina; **è ccalàta la uàzza.**

**uauàcce:** si dice a chi ha una protuberanza sotto il mento; **còme tà nu uauàcce!**

**uccàle:** imbocco, pericoloso del fiume Tirino; anche per dire/**vàtt'ajjàtta a jù uccàle ca 'nde retrovàne!**

**ucàta:** bucato fatto nei tempi passati, con acqua e cenere; **so fàtte na ucàta pe' sse lenzàura!**

**uccalàune:** chi racconta dopo aver sentito; **zìtte ca quìsse è n' uccalàune, raccònda tùtte.**

**uccalèune:** chi parla troppo.

**uccàune:** fare un boccone; **te li fenùite che n' uccàune.**

**uccunìjje:** bocconcino, poco; **che dd' uccunìjje è scòrta la pastìna.**

**udàlla:** le budella: **te càcce le udàlla!**

**udajje:** budello dell'intestino.

**udellìgne:** sapore sgradevole lasciato dal rosso d'uovo; **ssì bbicchjère sànne d' udellìgne.**

**ùffa:** esclamazione d'impazienza; **ùffa... te so dìtte che ccì pànze jì!**

**uiccìtte:** sotto tetto, ripostiglio.

**uìscure:** lombrico; **pe' ppescà me pòrte ddù uìscure.**

**ulà:** volare; **se né ulàte jù cardìjje da la cajòla**; se n'è volato il cardellino dalla voliera.

**ulaciàlle:** scintille del fuoco

**ullànda:** bollente; **st'attànde a ll'àcqua ullànda!**

**ullùte:** bollito; **à ullùte ssù callàre che lle patàne!**

**ulundà:** volontà; **nnè 'ndà la ulundà de fatijè**; non ha voglia di lavorare

**ùmmede:** umido.

**unnàlla:** gonnellina; **me sò fàtte na unnàlla.**

**uràcce:** braccio; **tànghe n'uràcce che mme fa màle!**

**urdenàte:** commissionare; **sò urdenàte le pàne a Sabbètta!**

**urtàte:** toccato, spintonato nella folla; **chj mà urtate!**

**urtàte:** arrabbiarsi/incazzato; **me sò urtàte dòpe che ma respòste mmalamànde!**

**urticìjje:** orticello di casa.

**urzàune:** vocabolo che viene affibbiato a quelle persone scapole e attempate; **'ngnì vùide che urzàune!**

**ùrze:** orso; **j'ùrze bbàlla.**

**usàccia:** sacca/borsa da portare a tracollo; **l'ausàccia che porta jù fràte.**

**ùscica:** girare, rimestare; **ùscica ssù sùche!**

**ùscica:** parola usata durante la tombolata; **ùscica sse pallètte.**

**uscìca:** vescica; **la uscìca de jù pòrche.**

**utàta:** curva; **se né scìte a lla utàta de Bbacchìtte!**

**utàte:** votare; **pe' cchj utàte?**; per chi hai votato?

**ùte:** gomito.

**uscère:** ufficiale giudiziario.

**utecàte:** rovesciato/cascato; **sé utecàte pe' lle schèle**; è caduto per le scale.

**ùteme:** vedere; **jùteme.**

**ùssa:** spingere; **ùssa cchjù ffòrte, sennà 'nze chjùde**; spingi più forte, altrimenti non si chiude.


## V

**vàcca:** mucca.

**vàche:** chicco d'uva.

**vàcche:** macchie rosse che si formano sulla gambe delle donne durante l'esposizione al fuoco del camino.

**vaccilètta:** scodella di terracotta di media grandezza usata in cucina per servire le minestre.

**vainalla:** legume utilizzato come cibo per cavalli.

**valaddìre:** ossia,cioè.

**Vallòcchje:** Soprannome.

**vandà:** lodarsi, vantarsi; **nne'ndè vandà tànde!**

**vànge:** vincere; **uajjò, vòjje ème da vànge à ttùtt'jì còste!**

**vangà:** vangare la terra.

**vangìja:** sottile vimine del ramo di pioppo; **te dànghe che lla vangìja a lle còsse!**

**vannardù:** venerdi.

**vànne:** vendere; **che vànne quìsse?**

**vànvera:** a casaccio; **stè rreparlà à vvànvera**; stai riparlando a casaccio.

**varvalìzza:** doppio mento

**vàschja:** vasca per pigiare l'uva.

**vasanicòla:** basilico.

**vàspa:** vespa, insetto; **ma pezzecàte na vàspa!**

**vàuce:** voce; **me sé rracàta la vàuce.**

**vàtte:** battere, percuotere, picchiare; **mo te vàtte còme ji cìci;** ora ti picchio come vengono battuti i ceci.

**vattetùre:** arnese contadino per battere all'aria i cereali.

**vàva:** bava; **à fàtte la vàva da lla vòcca.**

**vavùse:** bavoso; **ma uàrda ssù vavùse!**

**ve** (pron.): vi, ve, a voi; **che ve sète straccate**; che vi siete stancati; **ve le sò dìtte**; ve l'ho detto; **sse ve pàre**; se a voi vi pare.

**vè** (v.venire): vieni; **vè àcche;** vieni qua; **vè à vvedò che ssò fàtte;** vieni a vedere che cosa ho fatto; **vè pure tù;** vieni anche tu; **che ccì vè a jù mercàte?;** che ci vieni al mercato?

**velàngia:** bilancia; **ssà velàngia pòisa bbòne?**; quella bilancia pesa bene?

**velàme:** chiara dell'uovo.

**vellàne:** pianta arbustacea con frutti rotondi commestibili chiusi in un guscio legnoso (nocciola).

**vellàne:** persona scortese,maleducata.

**velòcca:** chioccia; **la velòcca che tùtte jì picinìjje.**

**venàcce:** residuo del torcituro.

**vennàgna:** vendemmia; **uànne sò fàtte na bbèlla vennàgna!**; quest'anno ho fatto una buona vendemmia.

**vennignè:** vendemmiare; **jère ème venniggnète a Pratepèure.**

**vernàzza:** rione caratteristico bussese.

**vennerànna:** Soprannome

**veràuda:** brodaglia per il maiale; **pòrta ssà veràuda a jù pòrche.**

**veràscja:** brace/carbone acceso.

**verìcce:** ghiaia/breccia.

**vermenàra:** vermi nell'intestino; **te fàcce pijjè la vermenàra.**

**vernùicja:** vernice.

**Verteloìsa:** Soprannome.

**vèspre:** funzione religiosa vespertina.

**vetaràlla:** per dire una piccola vite (organo meccanico usato per fermare o stringere); **àsse ci mettème na bèlla vetaràlla e 'nze mòve cchj.**

**vetrenàrie:** veterinario.

**vezzòca:** celibe, nubile, zitella; **a 'ndà và ssà vezzòca!**

**vezzòca:** vocabolo usato anche per indicare coloro che assiduamente frequentano la chiesa.

**Vindiddù:** Soprannome.

**vìnde:** venti

**vindiddù:** ventidue.

**Vicchjaràjje:** Soprannome.

**vijàjje:** viaggio; **facème nàtre vijàjje e dòpe se fermème.**

**vijaràlla:** stradina di campagna.

**vijavàje:** andare sotto e sopra in continuazione; **ma che dà ssù vijavàje pe ssù curretùre! stèteve fèrme.**

**vìnghe:** giunco, vimine; **stànghe a ffà ddù vìnghe pe' lle fundanàlle;** sto preparando un po di giunchi per le "fontanelle".

**vizijète:** chi ha vizi; **oramàje è vvizijète, se nne vvà jù bbàrre, se mòre!;** oramai è viziato, se non va al bar muore.

**vìta:** vita/meccanica; **mettèmeci na vìta cuscì se fèrma.**

**vòjje:** oggi; **vòjje nne 'mme sànde tànde bbòne!; vòjje ème da jì a reterà jì documènde a jù cummùne.**

**vòjje** (v.a.): volere; **jì vòjje, tu vì, quìsse vò; ni ulème, vì ulète, chìsse vònne; Quìsse te vò passà 'nnènde, pe' ffà prìma;** quello vuole passare avanti per fare prima; **chìsse vòve ddù sagnètte che ll'òva!;** quelli vogliono le tagliatelle all'uovo.

**vòjja:** desiderio; **tànghe na vòjja de melàune;** ho una voglia di melone; **tà na vòjja de fàsse na ggìta;** ha un desiderio di fare una gita.

**vòjja:** macchia cutanea congenita; **è nnàte che na vòjja 'mbàccja;** è nato con una voglia congenita nel viso.

**vòcca:** bocca; **ta nà vòcca sparàta;** chi racconta tutto.

**vòlle:** bollire; **vòlle ss'àcqua!**

**Vònna:** gonna.

**votacèle:** capogiro; **jà pijjète nu votacèle e se né cascata**; ha avuto un capogiro ed è caduta.

**vì:** voi; **vì le putète fà**; voi lo potete fare; **sète vì?**; siete voi?; **pòvere a vvì!**; poveri voi!/si usa come complemento oggetto quando si vuole dare risalto; **pòzze menù che vvì?**; posso venire con voi?

**vòmmache:** vomito; **pùzze fa nu vòmmache de sànghe!**

**vòta:** tanto tempo fa/una volta; **na vòta èva mèjje; na vòta ci stèva ppiù respàtte!**; una volta si era più umani; una volta c'era più rispetto.

**vòtte:** botte in legno; **quìsse vò, la vòtte pjèna e la mòjje 'mbrièca!**

**veràcce:** vedere (**uràcce**).

**vraccèta:** per indicare quanto si può prendere, o contenere con le braccia; **ne so fàtte na vraccèta.**

**vrevògna:** vergogna; **'nze ne vrevògna pennènde!**

**vulà:** volare.

**vulàte:** alcuni adoperano questo vocabolo per dare più consistenza al fatto; **jù cèjje se né vvulàte l'àtra sòira!**; il passero se né volato l'altra sera.

**vùita:** per indicare il corpo; **quìsse tà na vùita bbrève!**

**vultùra:** annotazione sui registri catastali; **sa dà fa la vultùra de la casa.**

**vulumenùse:** voluminoso.

**vuscènza:** titolo rivolto a persone di riguardo nei tempi passati; **bbonggìorne a vuscènza!**

**vùjja:** strada/via; **ji so recòte pe' lla vùjja**; li ho raccolti per la strada.


# Z


**zà:** zia (agg.f.); precede sempre il nome e non vuole mai l'articolo; **zà Rusìna; zà Ggiuànna; zà Venerànna; z'Annìnachèlla.**

**zì:** zio(agg.m.); precede sempre il nome e non vuole mai l'articolo; **zì Ggiannìne; zì Pierìne; z'Andònje; ze Frangìsche.**

**zì:**(agg.m.); viene usato per riguardo ed amicizia verso il clero: **zì prète; ze fràte.**

**zàcca:** zècca, insetto pericoloso; **quìsse tà le zàcche.**

**zàcana:** nastro, fettuccia; **mìtteci na zàcana!**

**Zamarijòla:** personaggio sportivo, mai dimenticato nell'ambiente bussese.

**zammùche:** sambuco.

**zampanàlla:** merenda fatta con fette di pane bagnate in acqua, condita con olio, sale e pomodoro fresco.

**zànne:** denti grandi o lunghi; **come tà cèrte zànne!/ le zànne de jù càne!**

**zànghare:** zingaro; **jì vìste màje nu zànghare màte!**; hai mai visto uno zingaro mietere!

**zàppa:** zappa, arnese contadino; **pìjja la zàppa, che vè perdènne tàmpe a lla scòla!**

**zappà:** zappare.

**zappatàrra:** bifolco.

**zarzalùse:** sporco, insudiciato; **'ngnì vùide che zarzalùse!**

**zazarèune:** un piccolo piattino.

**zàuca:** grossa fune; **pìjja la zàuca pà ttaccà la vàcca!**

**zellùse:** confondere/imbrogliare; **che quìsse nne 'ngì jòche, è na frèca zellùse**; con quello non ci gioco, è un imbroglione.

**zemàrra:** mantella usata nei tempi passati.

**zenàle:** vestaglia da cucina; **mìttete jù zenàle prìma che tte zùzze!**

**seppùlvere:** sepolcri del giovedì Santo; **massòira, jème a vesetà jì seppùlvere.**

**zeppìtte:** fare la fronda, frasche.

**zichinètta:** giuoco di carte a denaro.

**Zicùcca:** Soprannome

**zìche-zàche:** andare di qua e di la; **jèva facènne zìche-zàche pe' lla vùjja.**

**zìnna:** capezzolo; **attàccaji a lla zìnna, cuscì se stà zitte**; attaccalo al capezzolo così si stà zitto.

**Ziòcche:** Soprannome.

**Zipòmpa:** Soprannome.

**zìppe:** pieno; **a jù cìneme 'ngì se po 'ndrà, è zìppe còme 'nèue**; al cineme non si può entrare,è pieno come un uovo.

**zìppe:** per indicare un rametto; **recùjje ddù zìppe pà ppiccè jù fàuche**; raccogli un po' di ceppi per accendere il fuoco.

**Zoccolètte:** Soprannome.

**zòcchela:** topo di fogna; **so vìste cèrte zòcchele!**

**zòccola:** un modo di dire a certe donne; **quàssa è na zòccola; còla zòccola de sòrdeta!**

**Zòcchele:** zoccolo del cavallo.

**Zòlfare:** fiammiferi.

**zuàrra:** pantaloni alla zuava.

**Zucchìtte:** Soprannome.

**zumbà:** saltare, scavalcare; **ème da zumbà ssù mure**; dobbiamo scavalcare quel muro.

**zumbafùsse:** tipico modo di portare i pantaloni.

**Zummenanàlla:** Soprannome.

**zurlà:** giocare; **ve so dìtte de jì a zurlà fòre!**; viho detto di andare a giocare fuori.**zurlaràjje:** chi è scherzoso, allegro; **'ngì cròide a quìsse, è stàte sèmbre nu zurlaràjje!**; non ci credere a quello, è stato sempre un tipo scherzoso.

**zuffelatùre:** soffietto per il camino.

**zuffràna:** zafferano; **sò fàtte le rùise a lla zuffràna**; ho cucinato il riso con lo zafferano.

**zùppe:** bagnato fradicio; **mà cuppàte làcqua, me so fàtte zùppe, zùppe**; ho preso l'acqua di sorpresa, sono bagnato fradicio.

**zuzzàune:** sporcaccione; **è nu zuzzàune!**

**zùzze:** sporco; **nne vùide che tùtte zùzze!**

Recuperare l'esatta pronuncia dei giorni e mesi dell'anno, non è stato così facile come potrebbe sembrare a prima vista.
Le difficoltà maggiori si sono venute a creare sui sui giorni della settimana, dopo aver ascoltato il parere dei novantenni dei vari rioni di Bussi,  non tanto per la traduzione quanto per il linguaggio atavico.

## I mesi dell'anno.

| | | |
|---|---|---|
| Jennàre | : | Gennaio |
| Febbràre | : | Febbraio |
| Marze | : | Marzo |
| Abbrùjle | : | Aprile |
| Màgge | : | Maggio |
| Ggiùgne | : | Giugno |
| Llùjje | : | Luglio |
| Aùste | : | Agosto |
| Settàmmere | : | Settembre |
| Ottàmmere | : | Ottobre |
| Nuàmmere | : | Novembre |
| Dicèmmere | : | Dicembre |

## I giorni della settimana.

| | | |
|---|---|---|
| Luneddù | : | Lunedì |
| Marteddù | : | Martedì |
| Marcureddù | : | Mercoledì |
| Ggiuùddù | : | Giovedì |
| Vannarddù | : | Venerdì |
| Sàbbate | : | Sabato |
| Dumàneca | : | Domenica |

# Rime lungo il Tirino

Approfittando di queste mie ricerche, appunti e regole grammaticali sul dialetto bussese, grazie anche agli scritti dei professori Catena e D'Alessandro, ho pensato di riportare nel suo naturale dialetto, alcuni stupendi sonetti, rime e poesie lasciate dai "maestri" Alessandro Chella e Carmine Natarelli, in tempi dove le ricerche non erano così approfondite come nei nostri tempi.

## *"Ricordi"*

*Quànde mènghe da Bbùsce*

*ulìsse stà sèmbr'à Bbùsce*

*che llà mànde e cche jù penzère*

*pè ccòle chi lassàte*

*è ccòle che putìve avère.*


*Còme te pu scurdà*

*còle bbàlle camenàte*

*pè lla Madunnàlla,*

*quònde à 'nangulìtte*

*se facèva jù mucchjìtte*

*tra chìsse de Bullunàlla e Pettenàra,*

*a 'ndà se parlèva*

*sòle de vùine e de vìgne.*


*Chj 'nzà pijjète màje nu cappòtte*

*fàmmene e òmene,*

*quànde se passèva annènde*

*a ju purtàune*

*de Pasqualìna de Redènde,*

*s'à jù gruppìtte ci stèvane pùre;*

*Puccètta, Ciangàtta, Anninachèlla,*

*Mariètta d'Occhjipìnde*

*e Rusìna de la Vertelòisa?*

*'Nn 'nfacìve mànghe ddù pèsse*
*e cchj 'ngundrìve?*
*Tonìne de jù Mmastàre "la femmenàlle"*
*'nzè sà comà,*
*ma sapèva tutt'jji chèzze de Bbùsce,*
*da Fecurìjje a lla Vernàzza*
*da jù Bbùrje arràte a lla Còrte.*

*Che bbèjje tèmbe!*
*Tra le famìjje 'ngì stèva rangòre,*
*s'ulèvane tutte bbàna ch'èva n'amòre,*
*da jù Colle a lla Madunnàlla*
*percò se cambèva che na unnàlla,*
*che nu tòzze de pàne*
*e cche le chjève a lla tòppa!*

*Mandre se chjacchjarèva*
*de quàste e de còle,*
*putìve scèjje de resàjje a Bbùsce,*
*o facènne le scalùcce de jù Canùcce*
*o sennà de repassà a jù Pònde.*

*Cuscì, fòre a Mariamèla "Fecurìjje",*
*tra tubbìste, elettricìste,*
*turnìste de jù stabblemènde*
*e càcche pulìteche,*
*appurìve j'atre càzze che nen' 'nzapìve.*

*Indànde da Bbùsce,*
*che tùtta la Mondecatìne*
*se j'èva a truà Delfìne!*

*Jù clòre, l'h.g., l'a.t.d.,*
*la trielìna, jù perboràte,*
*la soda càustica*
*e tand'àtre càuse*
*cumenzèvane ad'àsse scrupulàuse.*

*Pè Bbùsce se parlèva sòle de:*
*Ivrèa, Vercèlle, Monza e Pioltèlle,*
*Rhò, Castellànza, Legnane*
*e Sèste San Giovànni*
*e tàntd'àtre 'ngnòve pòste*
*a'ndà jji buscèse se mettèvane appòste.*

*Tùtte città de jù nòrd,*
*a'ndà Delfìne fatijèva  e pijjèva,*
*ma quànda ggiuvendù*
*se ne jèva!...*
*e pùre Scalzìne candèva:*

*"che bèlla ggiuvendù*
*che ccì st'à Bbùsce,*
*la vìde la sèra quànde èsce,*
*che ll'òjje 'ngòccia*
*e cche jù mùsse rùsce,*
*che bbèlla ggiuvendù*
*che ccì st'à Bbùsce!*

*Chj sa còme jjì vedèvane*
*stù cambiamènde*
*fòre a "Muschìtte"*
*tra nu bbicchjère e 'nàtre,*
*jjì Berlandìne, Cambè e Meàzza,*
*Metrùcce, jù Bbàsse e Magnòzze,*

*tùtta ggiànde che,*
*còme tànde e tand'àtre,*
*ànne raggiunàte e cambàte*
*penzènne sòle a jù perboràte.*

*Jù Sessandòtte…*
*èva cumenzàte a ffà vedò*
*jjì prìme cambiamènde;*
*càcche patràune "imprenditore",*
*l'Università pè tùtte,*
*Roma, L'Aquila, Pescara,*
*jjì ggiòvane laureàte,*
*prufessòre, dottòre, 'ngignère*
*e cchj à putùte*
*se feccàte che jù Stàte.*

*Cuscì, vènne fòre*
*jù Cìrcule Culturale "Matteòtte",*
*tùtte che la pànna mmène*
*pè circà nu mèjje  cambiamènde,*
*a 'ndà se descutèva educatamènde*
*che nàtre mòde:*
*pòche chjàcchjare 'mbjàzza*
*e tànde fètte che jji prìme vulandìne,*
*tànde, niscìune dependèva*
*da la Mondecatìne!*

*Bbùsce mojja…*
*t'avèsse vulùte vedò*
*de nàtre mòde*
*che tùtte ssù tàmbe che passàte…*
*fòrza meretìve d'àsse cchjù attìve*
*che sse bbellìzze che tenìve;*

*jù lavòre assecuràte, jji laureàte,*
*nu fiùme che vvà pè nummunàta,*
*na rìcca vallàta*
*e tànda ggiànde educàta,*
*bbàlla e spenzeràta.*


*Francesco Di Berardino*
*"jù fìjje d'Anninachèlla"*

*"La Madunnalla"*


*Chj 'nne 'nghenùsce  la Madunnàlla!*
*a Bbùsce, è ccòme se stè 'pparlà*
*de piàzza Sam Biètre a Rròma.*


*Tùtte, almène na vòta la settemàna*
*sànne fàtte na camenàta*
*a llà Madunnàlla.*


*Venèvana da jù Bbùrej, d'arràte la Còrte*
*da sòtte le Mùra, da jù Cudàcchje,*
*e da tànte atre parte;*
*le fàmmene pè fàsse nutà*
*e j'òmene pè ruffianà.*


*Quànde passìve annènde a jù purtàune,*
*Puccètta, Pasqualìna de Redènde,*
*Rusìna de Cardìjje e Menecaròsa,*
*tànde pe ffà ccàcche nnòme,*
*te facèvane la radiografìa.*


*De chj è llà fìjja?*
*Chj'è jù fìjje quìsse?*
*Nnà vùide quàssa*
*còme se la tìra!*
*chj se cròide d'àsse!*


*Quàste èvane le càuse*
*ch'ulèvane sapò!*

*sènza malìzija*
*tànde pe penzà*
*a ji càzze de j'àtre*
*e pe passà jù tàmbe...*
*e d'àjje a rrùide!!!*

*Se ccì se truèva pure*
*Tonìne la femmenàlla*
*'nzàmbra a Mmenecaròsa,*
*allàura èva nòtte!*
*te facèvane nu cappotte*
*che ddù menùte!*

*Ma la Madunnàlla,*
*ne 'nnèva sòle quàsse!*
*èva la forza de Bbùsce,*
*che cchìsse de Laurà,*
*Pettenàre,Cardìjje e*
*llà famìjja de Bullunàlla.*
*Eva la semplicità*
*de le perzàune che c'jabbetèvane,*
*èva jù tetre de jù paèse*
*a 'ndà bastèvene sòle*
*jù mandulìne de Mìnghele de Menecaròsa*
*e lle cazzàte de Clète de Puccètte*
*pe ffà tùtte nu spàsse la sòira.*

*Quande bbèlle camenàte sème fàtte*
*che tùtta la cumbrìccula!*
*che jù sòle,che jù uànde*
*e cche llà nàve…*
*è 'llevòire Osvà!!!*

*Se facèvane jì cummènde*
*de la pulìteca de jù paèse,*
*càcche vòta s'appiccichèvane pùre*
*Donadìjje, Aldùcce e Scalzìne,*
*ma ,sèmbre pe nu fìne.*

*Se parlava pure de fammene,*
*che jù Chìcchere e Giànne bbaffòne,*
*mèndre che Osvàlde e Cicciolìne*
*se penzèva affà jji quatrìne!*

*La dumàneca a 'ssòira*
*èva tùtte nu viavàji de quatràle*
*tùtte rembeppàte*

*una cchjù bbàlla de' llàtra,*
*ci stèva da capà!!!*

*Na ggiuvendù che facèva*
*spustà i ggiunòtte*
*pure da jètre paèse,*
*la Madunnàlla èva devendàta*
*còme Via Vènete a Rròma!*

*Chj ne 'nzè fidanzate*
*almène na vòta*
*che na quatràla de Bbùsce?*
*s' ulìve acchjappà*
*a lla Madunnàlla  t'ìve da piazzà!*

*Quànde bèjjie recòrde,*
*quand'ènne ssò passàte!*
*quànde lèsse Bbùsce*

*te mànga!*

*La mànde nne 'nde tradisce!*
*e rrevà sèmbre a cchìjje jòrre,*
*còme se stìsse a rrevedò*
*nu cìneme, zìppe de feùre ( figure)*
*a cchj ì  vulùte bbàne,*
*a cchj ne'ndà  capuite*
*e à cchj se ne'jìte pe ssèmbre!*


Francesco Di Berardino

## Bùsce nostre
### (Carmine Natarelli)

*Sarrà percò ma dàte ji natàle,*

*che cci sò criscjùte, che ssò sendimendàle,*

*sarrà tùtte còle che vve pàre,*

*ma da stù paèse ji nne 'mme sepàre.*


*Ta tùtte, pure se nne 'ndà nènde:*

*ta jù bongòre de la ggiànde,*

*ta j'operàje, ta jù stabblemènde*

*ta la bbravùra, ta ji musecànde.*


*Ta na ggiuvendù che ppjàce tànde,*

*ta le ggentelèzza, l'ospetalità,*

*ta le tròtte de ju Tirìne*

*e lle vòtte pjène de vìne.*


*Bùsce nostre…*

*cchjù ccì pànze, cchjù jì vòjje bbàne,*

*me dà la securèzza de jù demàne,*

*me dà jù lavòre, me dà le pàne.*


*Quànde càcche vvòta la dumàneca*

*vàjje 'ngìma a lle màcchje bbjànghe*

*e da lle sù ji ùarde, ji reflàtte,*

*me sànde cchjù ffòrte bbàtte,*

*jù core 'mbàtte.*


*Rechenùsce le vàcchje cundràde,*

*jì rijòne a 'nd'ème pazzijète da uajjòne.*

*A ccàpe a ttùtte ju Colle che ju Castèlle*

*e vùjja vùjja fìne a lla Madunnèlla.*

*Bùsce nostre, te vòjje bbàne tànde,*
*te vànde, ma nnè nu cumblemènde,*
*e a chiùnque me tròve de frònde*
*dùice… jì sò de bbùsce 'mbè !*
*e me ne vànde.*

## Preghiera
### (Alessandro Chella)

*Patretèrne mòjja, fàmme nu piacère,*
*fàmme menù nu bbèjje penzère;*


*aspettìve nu 'nzìgne pe' nù signàle,*
*po' tùtte 'nzàmbra n'idèa geniàle.*


*Cùjje lòche è nu bbòne crestijène,*
*bàsta dàjje soltànde la mène,*
*nne 'ngè bbesògne de fà ju rijèle,*
*bàsta àsse singère !*


*Và bbòne Patrètè! ma cùjje è dottore!*
*ci vò càcche ccàusa che fàccia scalpòre,*
*e po' è j'onomàsteche; pe' quèlla sèra*
*ci vò nu descùrze a na cèrta manèra!*


*Mbè, allàura revòlgete a Ssàn Ggiusèppe*
*che còmbete sòjja, se chjàma Pèppe.*


*San Giusèppe mòjja scibbenedìtte,*
*mo tòcca a ttù, làssa nu pòche Maria*
*e ssènde nu pòche a mmù.*


*Jì mo fàcce come jì napuletène,*
*che pàrlane sèmbre che jù core mmène.*


*San Giusèppe, jì mo te pràje assài assài*
*fine a ddemàne nne 'mme fèrme mai,*
*però tu mi da fà stù piacère,*

*mi da 'mbarà nu descùrze a ddovère.*

*E ppe' ttànde pòche te vu rammarecà,*
*quand'è jù mumànde cuscì jì da parlà.*

*Vòjje è Ssàn Ggiusèppe vicchjaràjje,*
*j'onomàsteche tòjja, tànde bbàjje.*

*ji te fàcce tànde augùrje*
*pe' vòjje e pe' j'ènne appràsse,*
*angàura cènd'ènne jì da cambà*
*pe' nnì tùtte accundendà.*

*E bbràve ! la cuscènza llà pper llà,*
*su chj vò cambà de chj nne lle po' fà;*

*ècchela a ju trauàrdje.*

*Inzòmma, come te mìtte mìtte a lla vùita,*
*la cuscènza tòcca sèmbre la ferùita.*

*Sa che cci stà de 'ngnòve dottò,*
*pùzze cambà quànde Ddìa vò.*

## Le famìjje de bùsce
### *(Carmine Natarelli)*

*Le famìjje de bùsce, cchjù 'nnummunàte*
*nnò ppe' jì defètte o percò debbuscjàte,*
*ma pe' bbondà, fatùjja e percò onoràte*
*ve le vòjje elengà 'nghe stà sunàta.*

*Tànde pe' cumenzà e nnò pe' sbàjje,*
*facème ju nòme de ju Vicchjaràjje,*
*che 'nzàmbra a lla famìjja de Pestìjje*
*chìsse de Sapunìtte e Tembastìjje,*
*come bbifùlche èvene jì cchjù mmèjje.*

*Ci stàve tànd'àtre bbòne razze,*
*chìsse de Raurà e ju Pecòzze,*
*Sassàne,Turturìjje e la Neròzza,*
*so ppjène de bbòne core e gèntelàzze.*

*Condenuème angàura stu sunìtte,*
*pijjème la discindènza de Papìtte,*
*Macchjèune, Strullachìtte, Tufanìtte*
*ggiànde a lla bbòna sènza tànde defètte.*

*Vàcchje famìjje angàura ce ne stanne,*
*la Picirnòisa e chìsse de Bonànne*
*Pjangènde, ju Pelàte, Freddenànne*
*fatùjjane 'nghe fède tùtte j'anne.*

*Po' mànghe a ffàll'appòsta vève chìjje*
*de Sallàcchja, de Fascèure e de Piscìjje,*
*se ccì mìtte, Gnòcchele, Spachìtte e Patanìjje,*
*facème nu menestràune tànde bbàjje.*

*Dopo che ttì fàtte stà magnèta*
*te fè a jù Tignusìjje nu Bbicchjrùcce d'Allemunàta,*
*de frùtta te fè na bèlla spàsata*
*de Ficurafràsca, Fecurìjje e ttrè Cciràscja.*

*Appràsse vève chìsse de Miscèune,*
*Munnulàune, Trascilèune ju Nerèune*
*Carruzzàune, Tabbaccàune, Natecàune*
*àve tenùte sèmbre le vùine bbòne.*

*Catenìjje, Curunìjje, Ferrenìjje,*
*Mòffe, Muzzunàlla, Pettenàre,*
*Lunàrde, Massàre, Cacapenzère*
*àve cambàte bbòne, sèmbre sènza penzère.*

*Cambetàjje, Trèsènòve, Crepatàjje*
*Cendevìzje, ju Ròtele, Tebblù,*
*Sessànda, Quarandaquàttre e Vindiddù*
*jòca stù tèrne e stè bbòne pure tù.*

*Po' ci stà n'àtra bbèlla teràta;*
*Sarachìjje, Furnarìjje, Tarrammùte,*
*Stràmbe, Tucchelacìnge, ju Raschjète,*
*Piscijòtte, Pìscipìsce, Scumbìsce e Cacàta.*

*Ràzze sembàteche, senz'ammalòcchje,*
*Cocciaciùcca, Bullunàlla, Vallòcchje,*

*Coccapènta, Cannavàlla,Cjardòcchje*
*Ccidepòrche, Cjafardàjje,Ccidepedòcchje.*

*Famìjje de vècchje stàmbe e pazziarèjje*
*sèmbr'allègre, so cchìsse de Curunìjje,*
*Bastunìjje, Turturìjje e Cardìjje,*
*ju Lupìtte, ju Canùcce, ju Miscìjje.*

*Condenuème a sfujjè ju màzze,*
*truème angàura l'àtre bbòne ràzze;*
*Fracattasàcca, Frechìcca, ju Pecòzze,*
*Fraccàzze, ju Pucàzze e j'Andecàzze.*

*Condenuème angàura stù sunìtte e*
*truème, Asprìtte, Abbruschìtte,Luffìtte,*
*Brecchìtte, Carrìtte, Curzìtte,*
*Ciucculìtte, Ciucchìtte, Muschìtte,*
*Mìttemìtte, Ferrìtte, Pangiunìtte,*
*Puccìtte, Scuzzìtte, Plucchìtte,*
*Sassìtte, Scialìtte, Sanzunìtte,*
*Sclecchìtte, Sciaulìtte e Sciambagnìtte.*

*Ne putèsse dùice angàura n'àtre ccènde,*
*però stà còccia nne 'mmassìste tànde,*
*mo, chiède scùsa a ttùtta l'àtra ggiànde,*
*che mmèrita tànde, ma mo*
*nne lle tànghe 'mmànde.*

*Ju rijèle e lla vàuce de la cuscènza.*
(Alessandro Chella)


*Tùcchela a lla pòrta, ànze a jù purtàune,*

*a 'ndà quànde sclùcche la bbòtta rendòna*

*e me va ad'aprù ( ccìde porche ) Minginzìne,*

*tùtte cundènde, parèva nu fatturìne.*


*" Prego, s'accomodi  che cosa vuole ? "*

*Cerco il dottore se a te non duole !*

*" per carità, io son qui di passaggio,*

*faccio il portiere ed il vino assaggio,*

*il rosso, il bianco comunque sia,*

*quando è poi sera, torno da Pia (la moglie)"*


*Chi è ? Minginzìne ! se sànde na vàuce*

*  argendìna*

*appartarràte 'nfònde a lla cucina.*


*E' Pocacìccia, cùjje de ju ruàcce,*

*pòrta ji lìbbre sòtte n'uràcce.*


*Uh ! Avanti,avanti,fallo passare,*

*che giusto, giusto gli devo parlare.*


*Tòcca' ttravèzze che cùjje fangòtte*

*arràte a Mingènze come nu robbòtte*


*Dìmmi signora, che cosa è succèsso ?*

*Devo affrontare qualche processo ?*

*No ! non ti preoccupare, niente di questo;*
*ti voglio fare un invito modesto.*


*Vedi, mo s'avvicina San Giuseppe,*
*l'onomastico di mio marito Peppe,*
*abbiamo pensato sì per quel giorno*
*de fà na cenètta e suo contorno.*


*Cuscì, tra de nì, amìci, parènde*
*ulème passà na seràta cundènde.*


*Tù, quànd' è ll' àura, nne 'nfà ju vruùgnatùcce,*
*vèttene ammònde 'nzàmbra a Minùcce,*
*cuscì la seràta se pàssa indènne,*
*magnènne, bevènne, candènne e redènne.*


*(eccoci qua)*


*La sòira a ju làtte, nne 'mbijjèva sònne,*
*me ggirèva e rreggirèva, tùnne tùnne,*
*quànde po' me revènne l'invìte 'nnammànde,*
*allàura capìve cùjje èva ju turmànde.*


*(dunque)*


*Jì vàjje lòche e ccì vàjje sènza mène,*
*e ccòme cì vàjje, che lle mène mmène?*


*Alle ci vò nu bbèjje rijèle,*
*tùtt'addubbàte, zùccare e mijèle,*
*nu nàstre de lùsse, tùtt'azzurrìne,*
*quìste è ju rijèle che ffà Lesandrìne !*

*Bèlla feùra ci fè,bbàjje bbàjje,*
*percò ju dottòre che nù munàjje !*

*Zùccare, mijèle, dòlce e dulcìtte,*
*còme 'ngnì pùrte pùre ju ciuccìtte;*
*àlle ci vò nu rijèle a ddovère,*
*cchjù c'addubbàte, à da àsse a 'mmestière.*

*Acche la vàuce de la cuscènza,*
*sèmbre prònta a ògne evenijènza,*
*une se sfòrza a ppenzà na questijòne*
*pò arrùiva dàssa, no…nnè bbòne.*

*Allàura, tu ssèmbre te 'ndramìtte*
*percò nne 'mme dè nu cunzìjje adderìtte?*

*quèste so ccòse de delicatèzza,*
*ci vuòle tàtto, gusto e finèzza:*
*pènza,pènza pènzaci tù*
*e pènzaci bbòne*
*che vèdrai a lla fìne me dè raggiòne.*

### La filastrocca di nonno Giulio.

*I ricordi preziosi di mio nonno sono come scatti di attimi della mia infanzia. Se pur molto piccolo, seduti nella cucina di nonna e circondati dai profumi del pranzo domenicale, mio nonno mi rapiva con filastrocche e indovinelli. Le sue parole trasformavano ogni momento in una esperienza magica. Ridevamo insieme nell'atmosfera di una casa sempre felice. Ogni racconto diventava un ricordo che avrei custodito per sempre. Ancora oggi quei momenti sono vivi nel mio cuore e la filastrocca seguente è uno di quei ricordi che ho il piacere di condividere.*

*Cristiano D.B.*

*In'òppi
inin'scalòppi
in castro mèo,
è 'mmèjje magnà
na grossa cajjina
che nu màcre cappone.*

*Con un po'
di bimbirimbì
e con un po'
di bimbirimbà
la pallina dove stà?
Qui o qua!*

# VII Capitolo

## Sapori intorno al Castello.

Dopo un'attenda ricerca fatta di regole e appunti di scrittura fonetica; cercando di semplificare la lettura e l'interpretazione del dialetto bussese, non potevo tralasciare di inserire un capitolo legato alla tradizione culinaria locale.

La principale fonte d'ispirazione è stata sicuramente il fiume Tirino, che  da secoli, silenzioso e pescoso grazie alle sue acque fredde e limpide, solca la valle Tritana alla quale ha dato fertilità e benessere di ogni tipo, imprimendo così nella popolazione bussese la cultura della pesca e ed il gusto raffinato nel palato.

Questo legame tra il fiume e la popolazione è riscontrabile già nella chiesa di S.Maria di Cartignano, nella quale si possono tuttora ammirare nei capitelli del colonnato centrale, alcune incisioni di pesci databili all'anno mille. Questa testimonianza non può che rafforzare il legame tra l'uomo ed il fiume evidenziando nel carattere del bussese l'indole nel saper cogliere ciò che di buono la natura può offrire senza però mancarle del dovuto rispetto.

Detto ciò, non mi è stato difficile attingere dagli anziani del paese spunti e memorie culinarie tutt' oggi ancora in uso,  che fanno sempre bella mostra di se nelle tavole delle famiglie bussesi. La loro passione verso il gusto e la cucina tipica ha fatto si che la tradizione culinaria di Bussi, nel corso degli anni sia stata esportata in tutte le sue forme e sapori rendendo gli allevamenti di trote e gamberi rossi un cammeo molto apprezzato anche al di fuori del proprio territorio.

Primi e Secondi Piatti

## Spaghetti alla chitarra  con sugo di gamberi del Tirino.
(ricetta tradizionale)

Ingredienti per 4 persone:
1 Kg.e ½ di gamberi di fiume
1 Kg. abbondante di pomodoro
½ bicchiere di olio
uno spicchio di aglio
un ciuffo di prezzemolo
finemente tritato
un pizzico di sale
peperoncino piccante q.b.

### "Recòtta de Jèmmere"
Sugo di gamberi

Preparazione:

una volta divise le code dal torace (corazza), in dialetto "ju chàsce", pulire bene in acqua corrente questi ultimi dai residui amarognoli (intestini) che si incontrano, scolateli ed asciugateli con un canovaccio.

Tagliarli a pezzetti e metterli nel frullatore con un po' d'acqua, una volta frullati, passare il tutto al setaccio per eliminare residui; si avrà così un composto a modo di ricotta, versarlo in un bicchiere e metterlo nel freezer.

Procedimento:

togliere le code "signuràlle" dal guscio, lessarle per cinque minuti.

Nel frattempo, preparare un soffritto con:

aglio, olio peperoncino piccante q.b., un ciuffo di prezzemolo finemente tritato, un pizzico di sale ed aggiungere le codine precedentemente preparate.

Versare in un tegame 1kg. abbondante di pomodoro portandolo a quasi cottura.

½ ora circa, prima di spegnere il sugo, versare il composto di " recòtta de jèmmere", prelevato dal freezer, insieme ad un ciuffo di prezzemolo lavato e tritato.

Girare di tanto in tanto il sugo, fino a portarlo a cottura ultimata. Versare in una pirofila il fumante e profumato sugo, su un quantitativo sufficiente di spaghetti alla chitarra, preferibilmente tirati con la sfoglia a mano.

# Gamberi del Tirino in padella
### (ricetta tradizionale)

Ingredienti per 4 persone:
1kg. e ½ di gamberi
½ bicchiere di olio
½ bicchiere di cognac
oppure ½ bicchiere di "Trebbiano d'Abruzzo"
uno spicchio d'aglio
qualche foglia di lauro
un ciuffo di prezzemolo
sale e pepe q.b.


Procedimento:

lavare i gamberi in acqua corrente, asciugarli e metterli in una sufficiente padella, dove in precedenza si è portato l'olio a temperatura.

Condire abbondantemente q.b. con sale e pepe lasciandoli cuocere a fuoco vivo, muovendoli di tanto in tanto, sino a quando i gusci non diventano croccanti e rosso trasparente.

Nel frattempo lavare un bel ciuffo di prezzemolo e tritarlo finemente assieme all'aglio.

Spolverizzare i gamberi con il trito preparato, bagnarli con ½ bicchiere di trebbiano o cognac e tenerli sul fuoco per altri due minuti, lasciando cadere qualche foglia di lauro. Servirli a tavola bollenti, gustando il profumato sapore insieme al loro dorato "sughetto" di cottura.

# Trote "Pàscja" al cartoccio
## (ricetta tradizionale)

Ingredienti per 4 persone:
4 trote di 3OO g. circa l'una
2 spicchi d'aglio
4 rametti di rosmarino
4 fette di limone
un bicchiere di vino bianco "Trebbiano d'Abruzzo"
olio, sale, pepe q.b.


Procedimento:

lavare con cura le trote, riempirne l'interno con il rosmarino, le fette di limone e un po' di sale e pepe.

Adagiare le trote così preparate sopra quattro fogli di alluminio, cospargerle con sottilissime fettine di aglio, sale, pepe, un filo d'olio ed uno spruzzo q.b. di vino bianco"trebbiano d'Abruzzo".

Quindi, avvolgere ogni trota nel suo foglio di alluminio e posizionarle in una pirofila da forno.

Far cuocere il tutto nel forno preriscaldato a 180°c per 20 minuti circa.

Servire le trote nel loro cartoccio e buon appetito.

# "Patàne e Fascèure"
## Pranzo contadino

Ingredienti:
fagioli locali
patate locali
aglio
olio
sedano

Procedimento:

mettere a bagno di sera i fagioli, possibilmente quelli locali della valle del Tirino, in un tegame, per far si che riacquistino volume "recràsce" e umidità e per averli il giorno successivo pronti per la cottura.

Versare in una pentola di coccio "pignèta" con acqua salata, le patate sbucciate a tocchetti insieme ai fagioli ed un giusto quantitativo di sedano fresco, spezzettato.

In un padellino a parte, soffriggere olio, aglio e peperoncino piccante; versare questo preparato nella pentola dei fagioli, facendo cuocere il tutto a fuoco lento.

Quando il composto si presenta ben amalgamato, impiattare e buon appetito.

# "La Mberchettàta."

Ingredienti per 4 persone:
3 etti di salsiccia fresca
2etti di pancetta a pezzetti
3 bistecche di maiale tagliate a pezzetti
4 spicchi d'aglio in camicia
olio q.b.
peperoncino piccante.
peperoni dolci (paparellòtte)
un pizzico di sale.


Procedimento:

versare in una padella aglio olio un pizzico di sale pancetta salsiccia e bistecche, precedentemente tagliate a pezzetti.

Farlo soffriggere lentamente aggiungere le "paparellòtte" e peperoncino q.b.

Quando il tutto è ben rosolato, versarlo su fette di pane oliate abbondantemente..

# Dolci


## "Caucinìtte"
Calcionetti di ceci
(ricetta tradizionale)


Sfoglia:
½ kg. di farina
un etto di zucchero
2 uova
½ bicchiere di olio
½ bustina di lievito
un limone grattugiato (scorza)
cannella
vino bianco q.b. per impastare


Ripieno:
½ kg. di ceci (lessati e passati)
125 g. di cacao
150 g. di miele
150 g. di mandorle
un bicchiere (da vino) di mosto cotto
un etto di cioccolato fondente grattugiato, ma non polverizzato


Preparazione:

dopo aver preparato la sfoglia, disponete il ripieno, in mucchietti sulla pasta. Avvolgeteli a modo di ravioli, fate correre la rotella tagliapasta (usando lo stesso sistema per i ravioli) per ricavarne tanti "caucinìtte". Bucherellarli con uno stecchino, friggerli e cospargerli con lo zucchero.

# "le Ciambàlle"
## Ciambelle di San Biagio

Ingredienti:
6 uova più uno
1 bicchiere di latte
2 bicchiere di olio
650 g. di zucchero
2 kg. circa di farina
3 limoni grattugiati (scorza)
30 g. grammi di bicarbonato
2 bustine di lievito
anice

Procedimento:

una volta preparato l'impasto con accuratezza, formare delle palline di media grandezza, infilare il dito indice e girare fino a formare una piccola ciambella bucata. Prepararne una certa quantità, infornarle a 180°c per 20 minuti.

## *Le Ferite per una rinascita*

Da sempre la fotografia è testimone del nostro tempo, di ciò che accade intorno a noi. È un attimo che descrive la vita, i sentimenti e i nostri ricordi. La tua macchina fotografica ti da l'opportunità di essere testimone e messaggero di quanto accaduto, ma nello stesso tempo, se pur momentaneamente, ti da l'occasione di vivere il disagio rendendoci testimoni, obbligati a condividere il nostro punto di vista con gli altri.
Essere li con mio padre che già lavorava a questo libro, con lo scopo di lasciare una testimonianza della storia di un paese e di popolo, della sua lingua e dei suoi sapori, mi ha reso felice e partecipe di una esperienza fantastica, lasciandomi istanti stupendi nella mente ed il ricordo di un giorno speciale.

C.D.B.

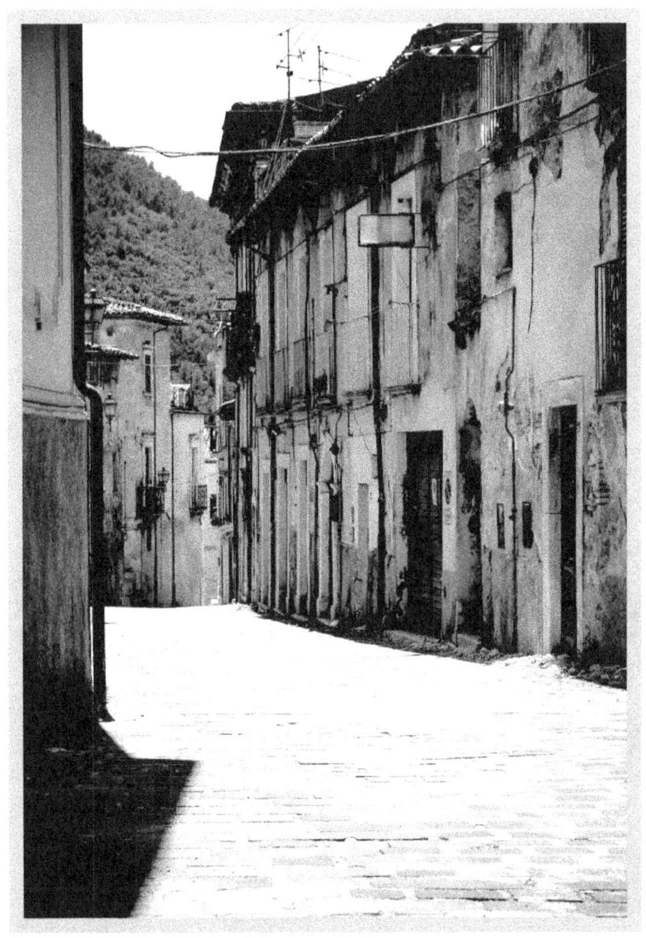

Via Progresso

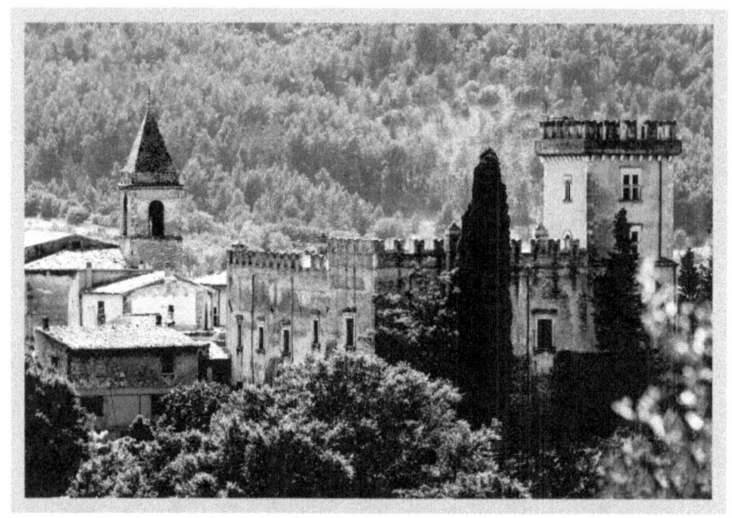

Veduta Castello Cantelmi

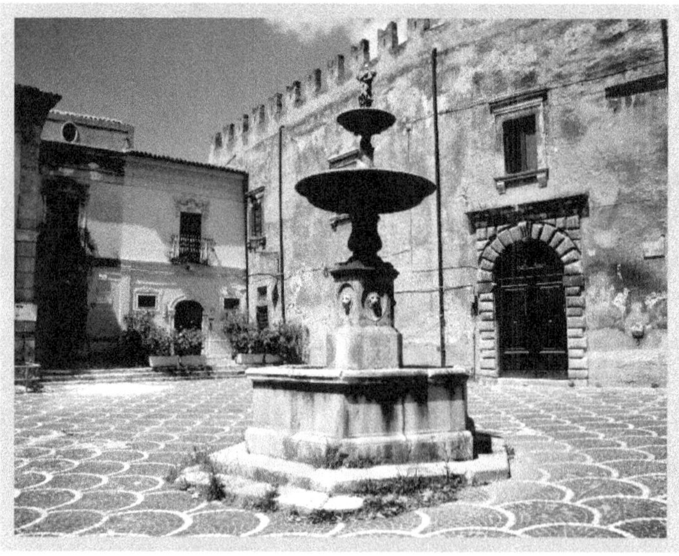

Piazza Tirino in Colle

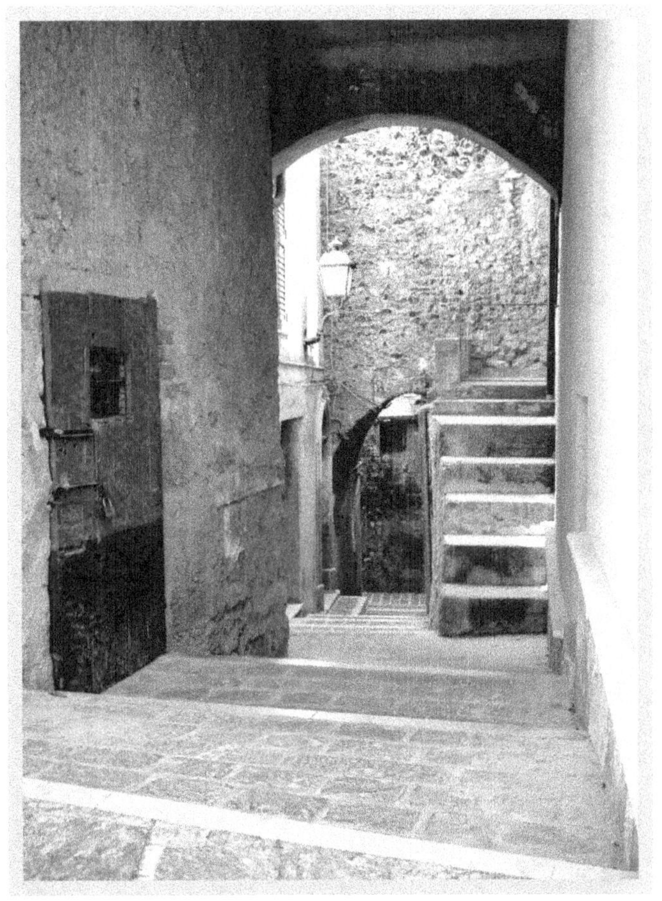

Rua dei Bottai

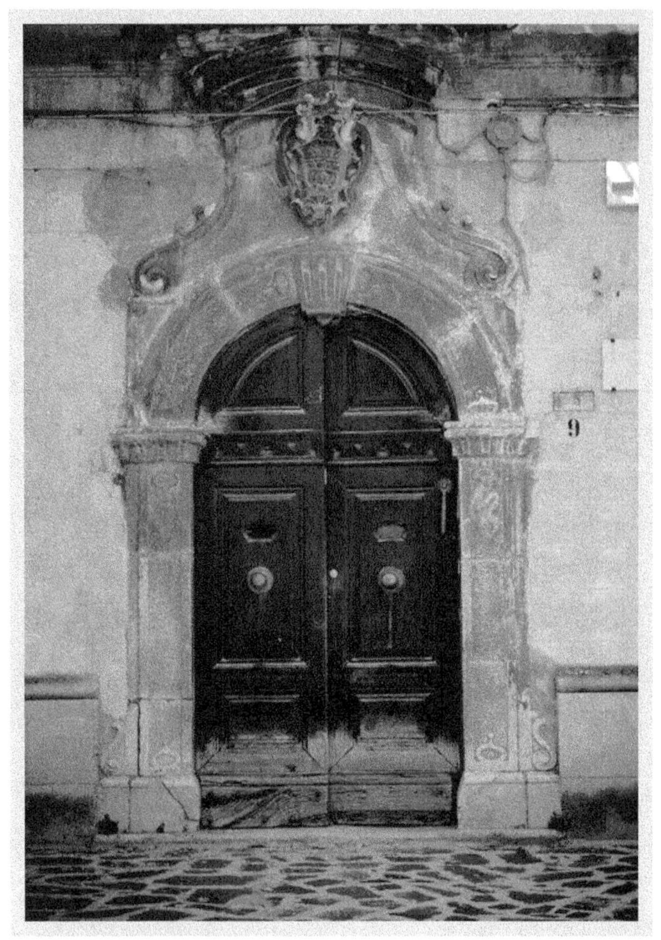

Portone

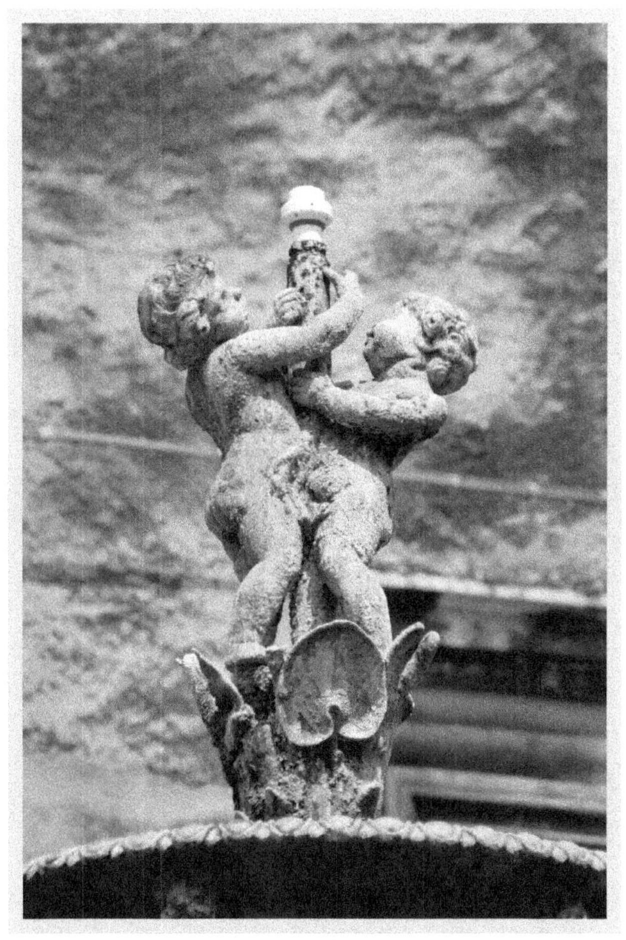

Dettaglio fontana

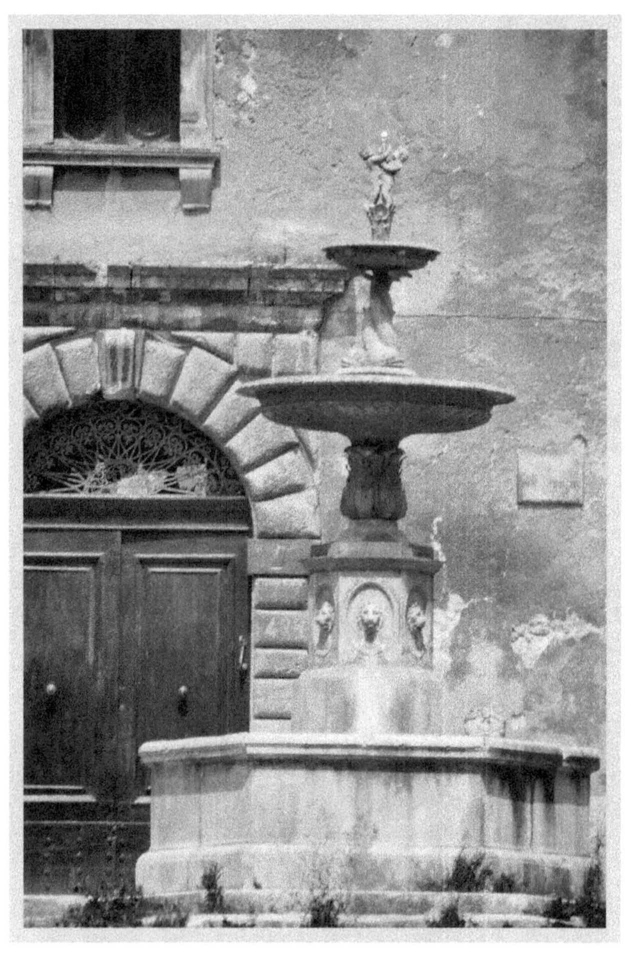

Fontana in piazza Tirino

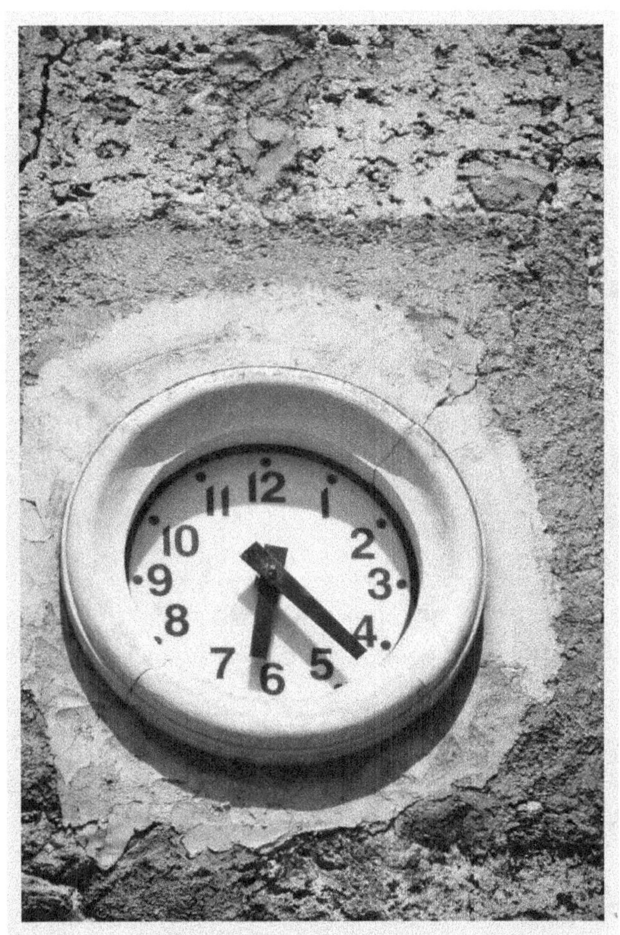

Orologio Campanile

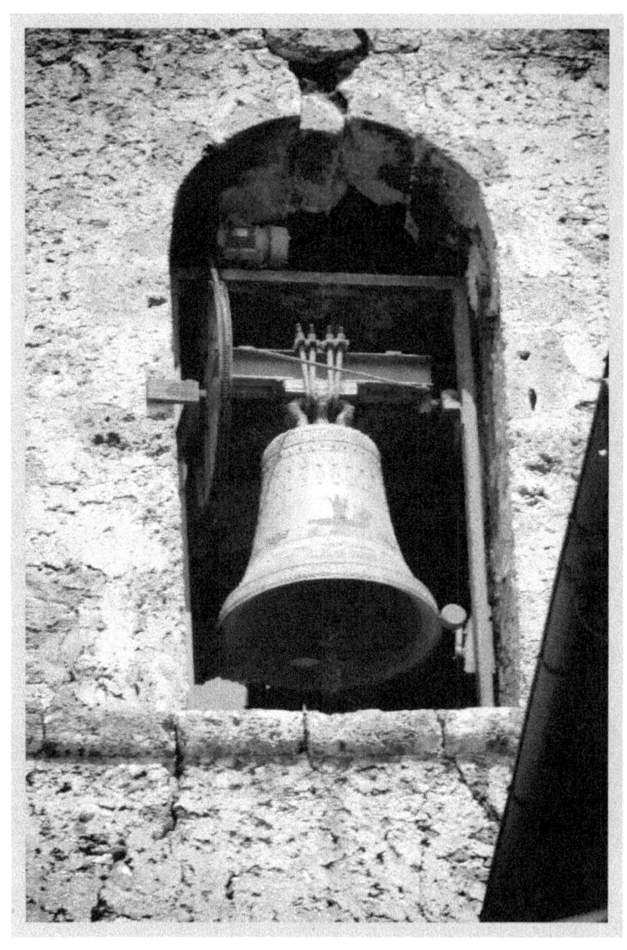

Campana Chiesa San Biagio

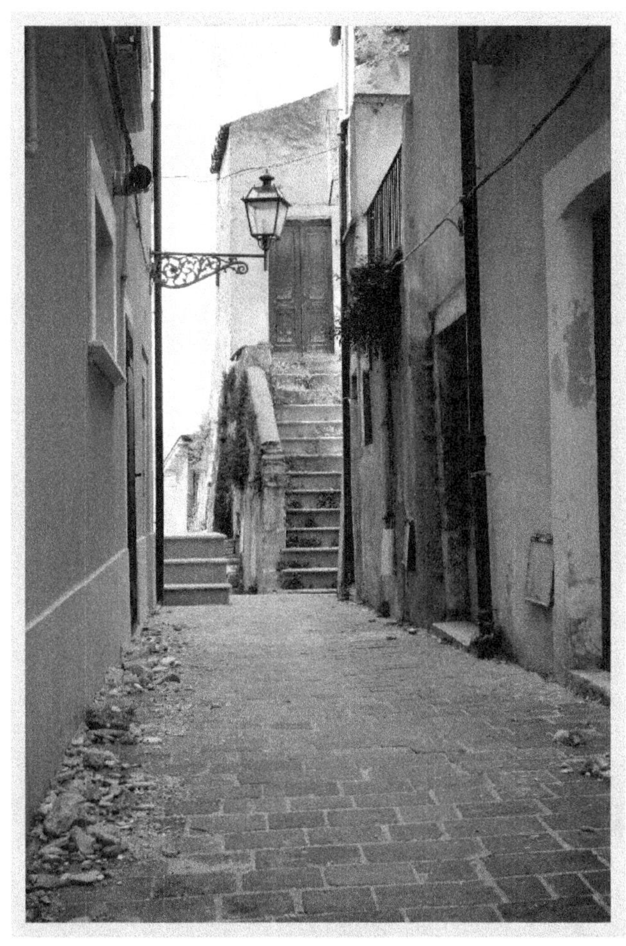

Vico S. Paolo

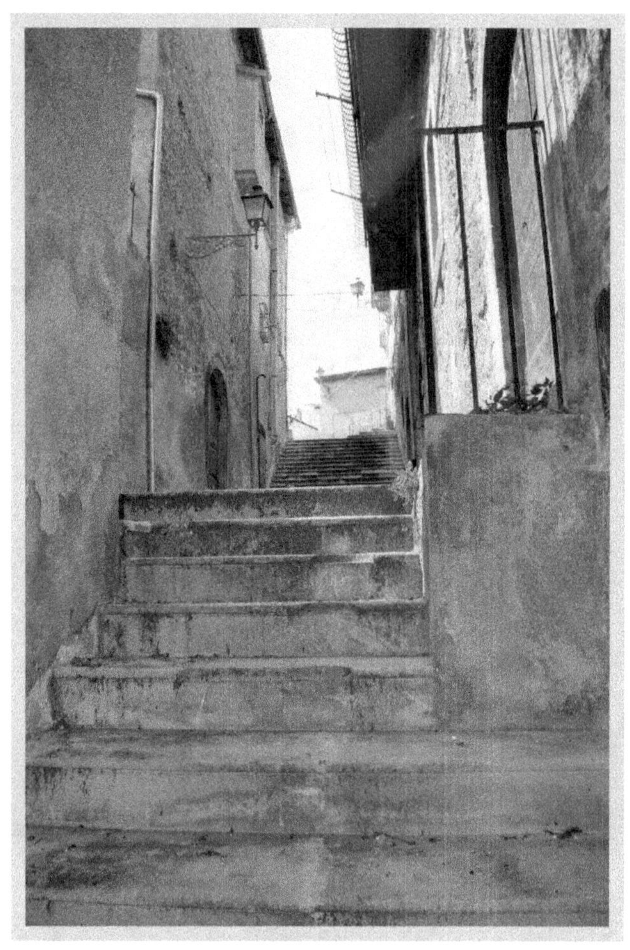

Rua di Ciccio

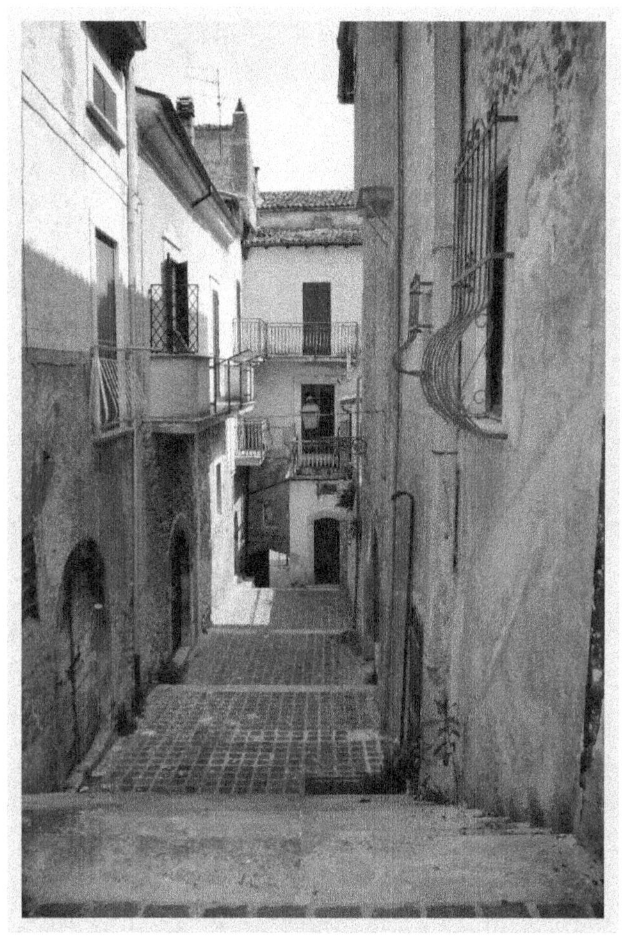

Rua di Ciccio

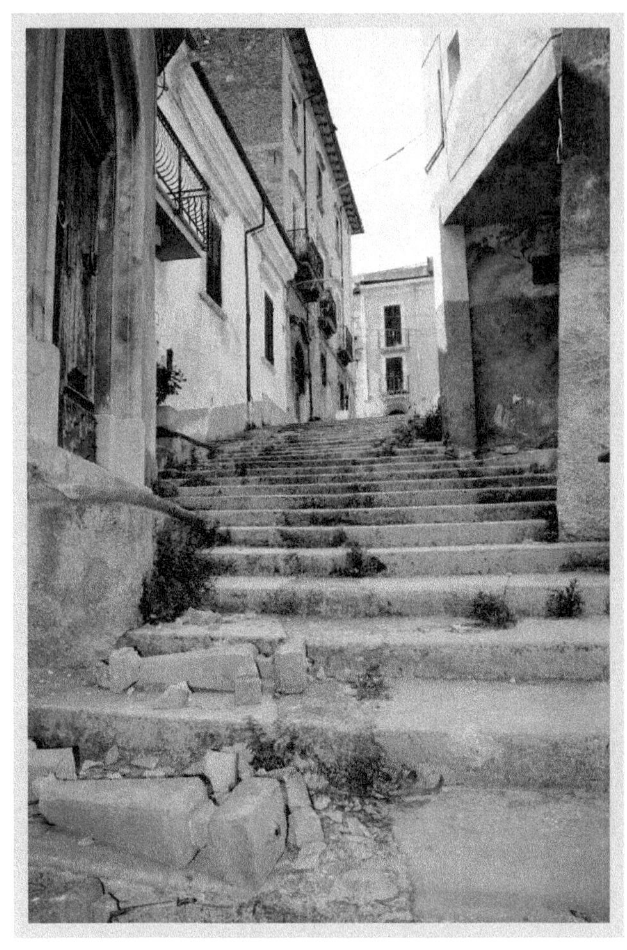

Via Carducci  "le Scalucce"

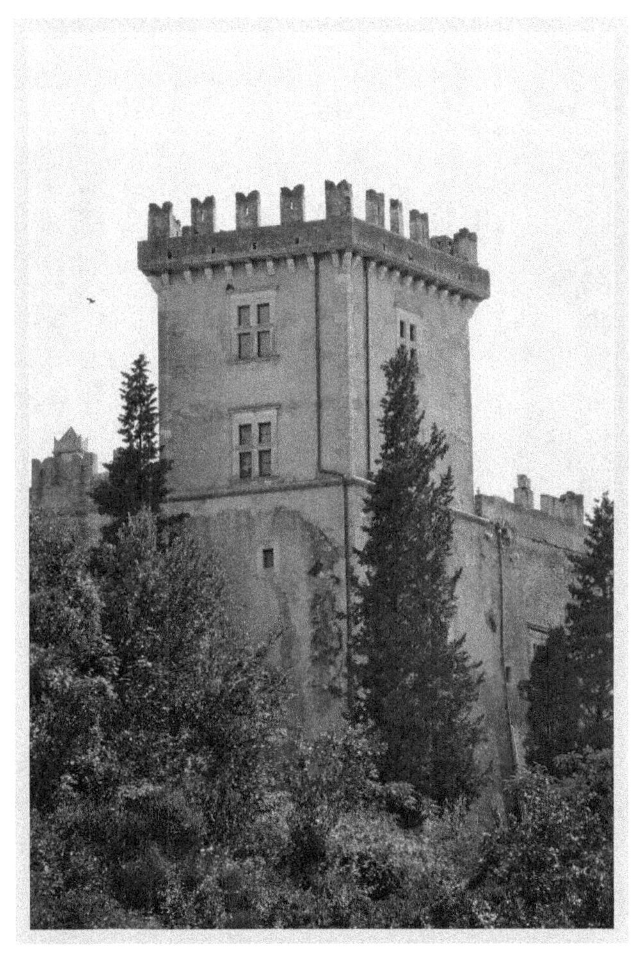

Castello Cantelmi

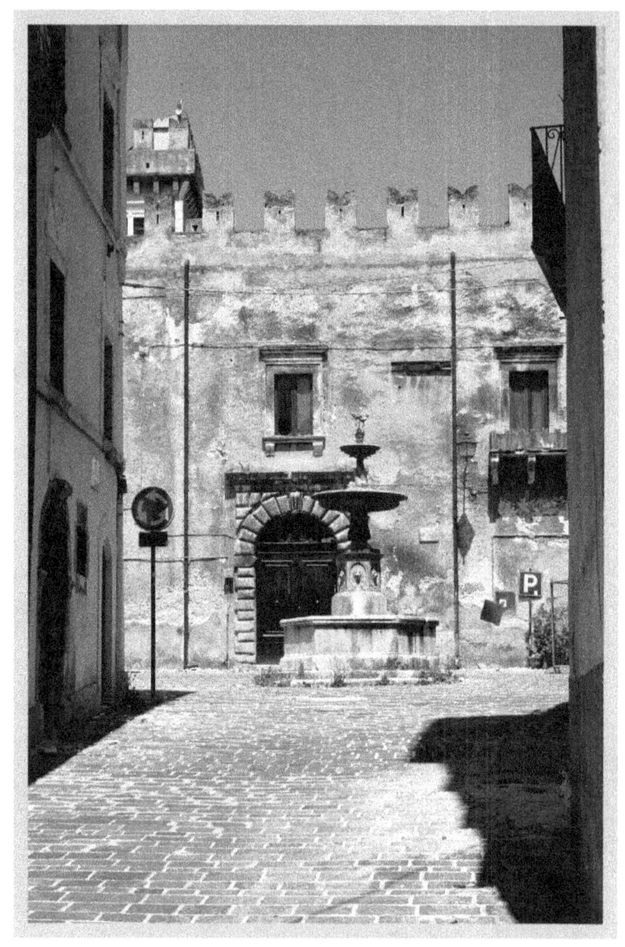

Piazza Tirino

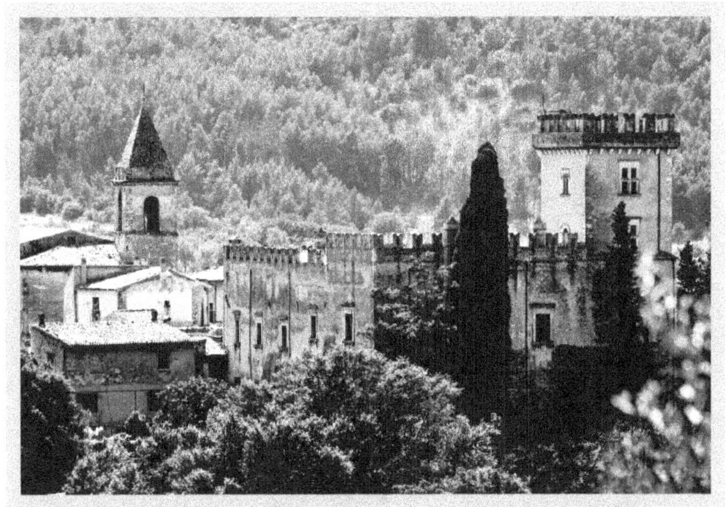

Veduta dall'alto del Castello Cantelmi

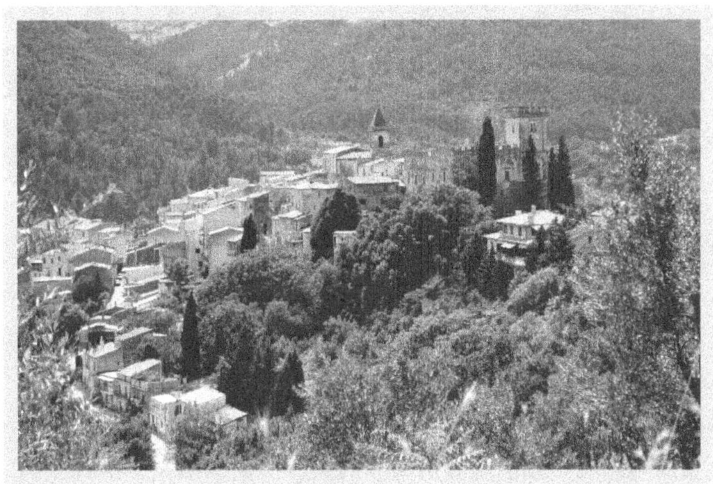

Veduta dall'alto di Bussi

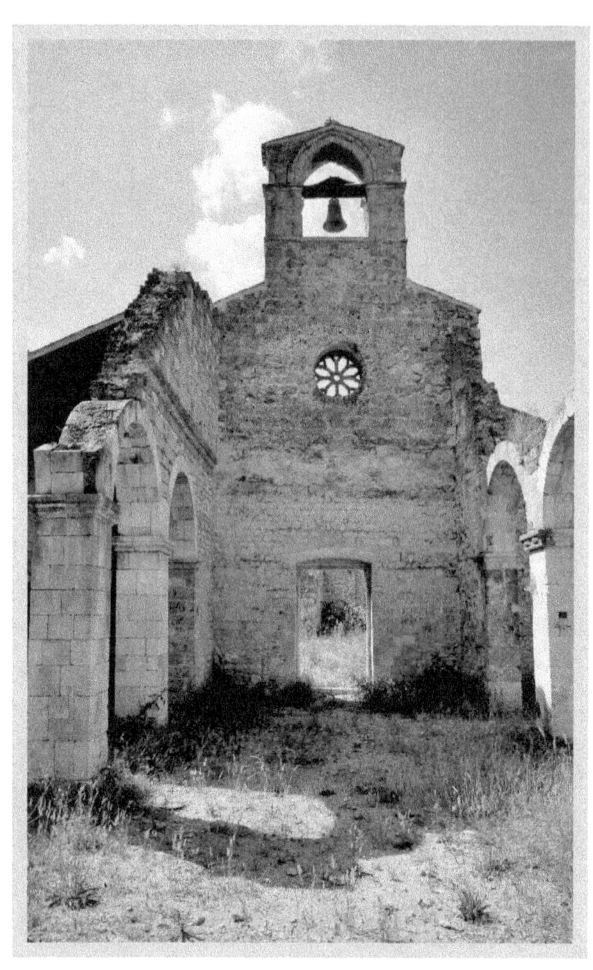

Santa Maria di Cartignano

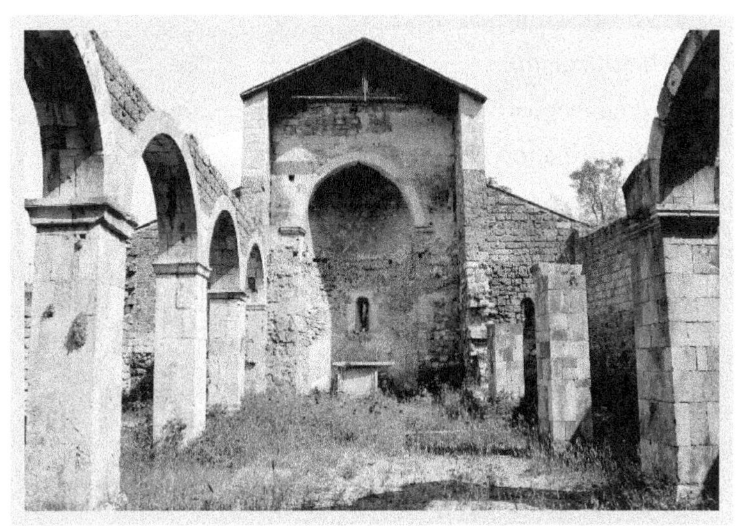

Santa Maria di Cartignano

Indice